Collection Rolf Heyne

DIE BEATLES

VOR 30 JAHREN

Viel Spaß beim Lesen dieses Buches,
das gewiss schöne und gemeinsame
„Jugenderinnerungen" in Dir wachrufen wird!!

Deine Renate und B—d

TERENCE SPENCER

Es war einmal ...

DIE BEATLES

VOR 30 JAHREN

WILHELM HEYNE VERLAG
MÜNCHEN

Titel der englischen Originalausgabe:
It was thirty years ago today
Ins Deutsche übertragen von Ingeborg Schober

2. Auflage

Die Originalausgabe erschien im Verlag Bloomsbury Publishing Ltd.,
London, 1994

Alle Fotos: Terence Spencer
Buchgestaltung: BRADBURY AND WILLIAMS
Umschlaggestaltung der deutschen Ausgabe:
ART & DESIGN HÄRTL, München
Satz: Kort Satz GmbH, München
Printed in Italy by Artegrafica, Verona
ISBN 3-453-08037-8

INHALT

Beatles? Welche Beatles?

Gegen Ende 1963 kehrte ich nach England zurück, nachdem ich in Artikeln für das amerikanische *Life*-Magazin aus aller Welt über Krisenherde berichtet hatte. Am Londoner Flughafen wartete meine damals dreizehnjährige Tochter Cara auf mich und meinte sofort: »Paps, Paps. Du mußt unbedingt eine Geschichte über diese fantastischen Beatles[1] machen!« Da ich noch nie von ihnen gehört hatte, war meine Reaktion erst einmal, »O Gott, wovon redet sie nur?« Vermutlich habe ich einen Blick auf den Boden geworfen, um zu sehen, ob da etwas über meine Füße krabbelte.

Aber als ich am nächsten Tag in die Redaktion kam, stellte sich heraus, daß das Thema Nummer Eins diese fantastische neue Band war, die offensichtlich nicht nur in musikalischer, sondern auch in kultureller Hinsicht einen neuen Trend einzuleiten schien, für die Jugend auf jeden Fall. Sie hatten 1963 bereits drei Hitplatten, eine auf Platz 2 und zwei auf Platz 1, und von »I Wanna Hold Your Hand« waren schon eine Million Exemplare verkauft, bevor es im November auf den Markt kam und ihre dritte Nummer 1 wurde. Doch außerhalb Englands waren sie praktisch so gut wie unbekannt. Und deshalb reagierte unser New Yorker Büro auf den Vorschlag, eine Geschichte über sie zu machen, gelinde gesagt, gleichgültig.

Trotzdem beschloß ich, mit einem Kollegen am 4. November ins *Prince of Wales Theatre* zu gehen, wo die Beatles bei der *Royal Variety Performance* auftraten, einfach um herauszufinden, was der ganze Wirbel sollte. Schon bei unserer Ankunft wußten wir, daß wir so etwas noch nie erlebt hatten. Vor dem Theater warteten Pulks kreischender, junger Mädchen, und als die Beatles die Bühne betraten, konnte man kaum etwas von dem, was sie spielten, hören, weil das Geschrei des Publikums, das wellenartig aufbrauste, ohrenbetäubend war. Und wenn die Jungs einen dieser hohen »Oooooooh«-Gesangsparts anstimmten, dann drehten die Mädchen richtig durch . . .

An diesem berühmten Abend bat John Lennon jene auf den billigen Plätzen zu klatschen und die anderen, »mit ihren Juwelen zu klimpern«. Die königliche Familie schien sichtlich Spaß an der ganzen Sache zu haben. Und wahrscheinlich war sie auch die einzige, die etwas von der Musik mitbekam, während alle anderen lauthals schrien.

Nachdem wir die Beatles auf der Bühne erlebt hatten, war uns klar, daß wir eine Geschichte über sie machen mußten. Sie sollten am 16. November im *Winter Gardens* in Bournemouth auftreten. Also heftete ich mich mit Frank Allen, unserem Bürofahrer und Fotoassistenten, an ihre Fersen. In solchen

1 Wortspiel, da Beatles im englischen die gleiche Aussprache hat wie »beetles«, was Käfer bedeutet.

Fällen kontaktierten wir normalerweise den Manager, damit er für uns etwas arrangierte, aber aus irgendeinem Grund taten wir es diesmal nicht. Wir beschlossen, einfach die Fotoapparate einzupacken und unser Glück zu versuchen.

Wir wußten, daß die Beatles an irgendeinem abgelegenen Ort logieren würden, um ihren hysterischen Fans zu entkommen. Inzwischen wurden die Beatles überall und immer sofort erkannt und fühlten sich wie Gefangene: Ihre weiblichen Fans gerieten bei ihrem Anblick derart aus dem Häuschen, daß die Beatles um ihre eigene Sicherheit fürchten mußten, wenn sie sich außerhalb eines Theaters oder auf der Straße blicken ließen.

Frank, für den »Nein« ein Fremdwort war, spürte sie im eleganten *Branksome Towers Hotel* außerhalb von Bournemouth auf. Und damit begann die seltsame Verbindung zwischen zwei Journalisten mittleren Alters und vier legendären Pilzköpfen. Die kommenden Monate folgten wir ihnen quer durchs Land und

Cara hört sich die „Fab Four" an.

nach Paris, fotografierten sie auf und hinter der Bühne und fingen Berge faszinierender Fotos ein.

Da ich mit mehreren Fotoapparaten arbeitete und die Filme zum Entwickeln nach New York gingen, mußte ich über die Bildunterschriften penibel Buch führen. Dafür trug ich ein kleines Tonband bei mir und ein Mikrofon, das ich an meinem Revers befestigt hatte. Eines Abends alberten wir alle nach dem Konzert an der Bar hinter der Bühne herum, und ich fragte John, »wie wäre es, wenn du mir darauf eine kurze Botschaft für meine kleine Tochter Cara sprechen würdest? Schließlich haben wir es ihr zu verdanken, daß ich hier bin.« »Na klar«, antwortete John und griff zu seiner Gitarre. »Hallo Cara. Wie geht's dir? Dein Alter ist hier bei uns und macht uns fertig und verfolgt uns auf Schritt und Tritt.« Und so ging diese mit Kraftausdrücken gespickte Nachricht weiter. Er rief George zu: »Sprich ein paar Worte zu Terrys kleinem Mädchen!« George kam zu uns und stimmte seine Gitarre mit Johns ab, und bald kamen auch die anderen dazu, die alle ein paar Worte ins Mikrofon sprachen. Sie improvisierten einen kleinen, persönlichen Song für Cara, den sie auf ihren Gitarren begleiteten, während Ringo den Rhythmus auf der Bar mitklopfte.

Es war eine wunderbare Aufnahme der Beatles, und das auf der Höhe ihres Ruhms, aber ich hatte dennoch leichte Bedenken, meiner Tochter ein Band mit einer geballten Ladung von Kraftausdrücken zu schenken. »Was machen wir jetzt damit?« fragte ich meine Frau Lesley.

»Auf dem Band ist kein einziges Schimpfwort, das sie nicht schon von dir gehört hätte«, lautete ihre Antwort.

Also gaben wir das Band Cara, und sie spielte es auf dem Weg zur Schule im Bus. Die Schaffnerin hörte es sich an, und niemand mußte Fahrgeld bezahlen. In der Schule versammelten sich die Mädchen heimlich im Waschraum, um dort das Band anzuhören. Sie waren hingerissen.

Zu jener Zeit schloß ich oft mein Tonband an das Telefonsystem an, um damit Nachrichten des *Life*-Büros in Paris aufzunehmen. Eines Abends vergaß ich, den Aufnahmeknopf des Tonbandgerätes auszuschalten. Cara kam mit einer Freundin nach Hause, um sich das Band zum x-ten Mal anzuhören, und mußte danach feststellen, daß sie es völlig gelöscht hatte. Es war ein tragischer Tag, dem noch viele andere tränenreiche Abende folgen sollten. Allerdings tröstete es sie ein bißchen darüber hinweg, daß ich sie später mit den Jungs bekannt machen konnte.

Nachdem der *Life*-Artikel erschienen war, sah ich die Beatles noch ein paarmal und machte noch einige der Fotos aus diesem Buch, aber unser Verhältnis war längst nicht mehr so wie in den vorangangenen Monaten.

Dann, 1969, heiratete Paul Linda Eastman und zog sich in einem abgelegenen Teil Schottlands ins Familienleben zurück. Aus irgendeinem Grund ging das Gerücht um, daß McCartney tot sei. *Life* wollte beweisen, das dies nicht der Fall war. Wir machten den Bauernhof ausfindig, und ich machte mich mit der *Life*-Reporterin Dorothy Bacon auf den Weg. Wir kamen dort frühmorgens an einem Sonntag an, weil wir uns so sicher sein konnten, daß die Bauern, die über Paul McCartneys Privatsphäre wachten, in der Kirche waren. Als wir uns heimlich dem Haus näherten, tauchte Paul auf, verdreckt, unrasiert und mit einem Eimer in der Hand. Ich machte eine Aufnahme. Er hörte das Klicken des Fotoapparates, blickte hoch, wurde rot vor Zorn und warf den Eimer nach mir. Ich fing noch ein Bild ein. Dann rannte er auf mich zu und verpaßte mir einen Schlag aufs rechte Ohr.

»Dorothy«, schrie ich, »ich glaube, wir haben bewiesen, daß Paul McCartney quicklebendig ist. Laß uns verdammt noch mal schnell abhauen – sofort!«

Als wir den Feldweg zurückgingen, bemerkten wir, daß Paul uns mit seinem Landrover folgte. Einen schrecklichen Moment lang dachten wir, daß er uns über den Haufen fahren würde. Doch dann hielt der Wagen an, und Paul stieg aus, rasiert und in Schale geworfen. Linda war bei ihm. Er kam mit ausgestreckter Hand auf uns zu.

»Das Ganze tut mir wirklich leid«, meinte er, »aber ich möchte Ihnen einen Handel vorschlagen. Sie geben mir die Filmrolle, und dafür bekommen Sie ein paar wunderschöne Fotos, die Linda von uns und den Kindern hier in Schottland gemacht hat.«

Ich wußte, daß Linda eine professionelle Fotografin war, und ich wußte auch, daß die paar Dias, die ich geschossen hatte, nicht die Art von Fotos waren, die *Life* erwartete. Aber ein Fotograf liefert niemals seine Filme aus. Ich bin früher einmal sogar verhaftet worden, weil ich mich weigerte, meine Filme auszuhändigen. Aber ich konnte mir vorstellen, wie Paul sich fühlte, und wußte, daß er Wort halten würde. Wir gaben uns die Hände und besiegelten damit den Handel.

Man muß sich nicht an Kriegsschauplätze begeben, um in Schwierigkeiten zu geraten. Ehrlich gesagt, bin ich in meiner ganzen Laufbahn nur ein einziges Mal von jemandem geschlagen worden – und zwar von Paul McCartney. Aber es hat sich gelohnt. *Life* veröffentlichte Lindas Fotos und lieferte damit den Beweis, daß Paul McCartney lebte.

Das war das letzte Mal, daß ich einen der Beatles getroffen habe. Aber die Zeit, die ich mit ihnen verbracht habe, war etwas ganz Besonderes. Obwohl ich damals fünfundvierzig Jahre alt war und die Beatles erst Anfang zwanzig, war ich von ihrem Charisma und ihrer Musik wirklich hingerissen. Songs wie »She Loves You«, »Love Me Do« und »I Wanna Hold Your Hand« begleiten mich bis heute. Diese Fotos sind glückliche Erinnerungen an diese ganz außergewöhnlichen Zeiten.

Terence Spencer, 1994

1

Den Beatles auf den Fersen

Offensichtlich mochten die Beatles Frank und mich sofort, obwohl wir doch doppelt so alt wie sie waren. Was für ein Glück für uns, denn es schien ihnen nicht im geringsten zu imponieren, wer wir waren. Im allgemeinen waren wir überall willkommen, da wir für *Life* arbeiteten, das damals eine Auflage von etwa sechs Millionen hatte, und Leute aus dem Showgeschäft taten fast alles, um in die Zeitschrift zu kommen. Aber die Beatles kannten *Life* nicht und zeigten sich gänzlich unbeeindruckt. Später erinnerte sich Ringo Starr, daß er ein Exemplar im Wartezimmer seines Zahnarztes gesehen hatte. Trotzdem sprachen sie mit uns, luden uns für diesen Abend hinter die Bühne ein und verrieten uns, was sie am nächsten Morgen vorhatten.
Es faszinierte mich immer, ihnen bei den Vorbereitungen für einen Auftritt zuzusehen. Sie achteten sehr sorgfältig auf ihr Äußeres, sorgten dafür, daß sie stets frisch gewaschene Hemden hatten, ihre Krawatten richtig gebunden waren und ihr Haar makellos saß, aber keiner von ihnen war auch nur im geringsten eitel. Sie freuten sich, mich bei sich zu haben, weil sie schnell merkten, daß ich mich nicht aufdrängen und auch nicht die Art von Fotos machen würde, wie sie gewisse Revolverblättchen heute erwarten. Sie mochten keine gestellten Fotos, aber Fotos dieser Art interessierten mich ohnehin nicht. Sie reagierten auf meine Fotos immer wohlwollend, studierten begeistert die Kontaktabzüge und baten oft um Abzüge. Ich glaube, daß ihnen selbst heute kein einziges Foto in dieser Sammlung mißfallen würde, und ich habe insgesamt etwa 5000 Aufnahmen gemacht. Vielleicht kamen wir so gut miteinander aus, weil ich sie für extrem fotogen hielt – es war so gut wie unmöglich, ein schlechtes Bild von den Beatles zu machen.

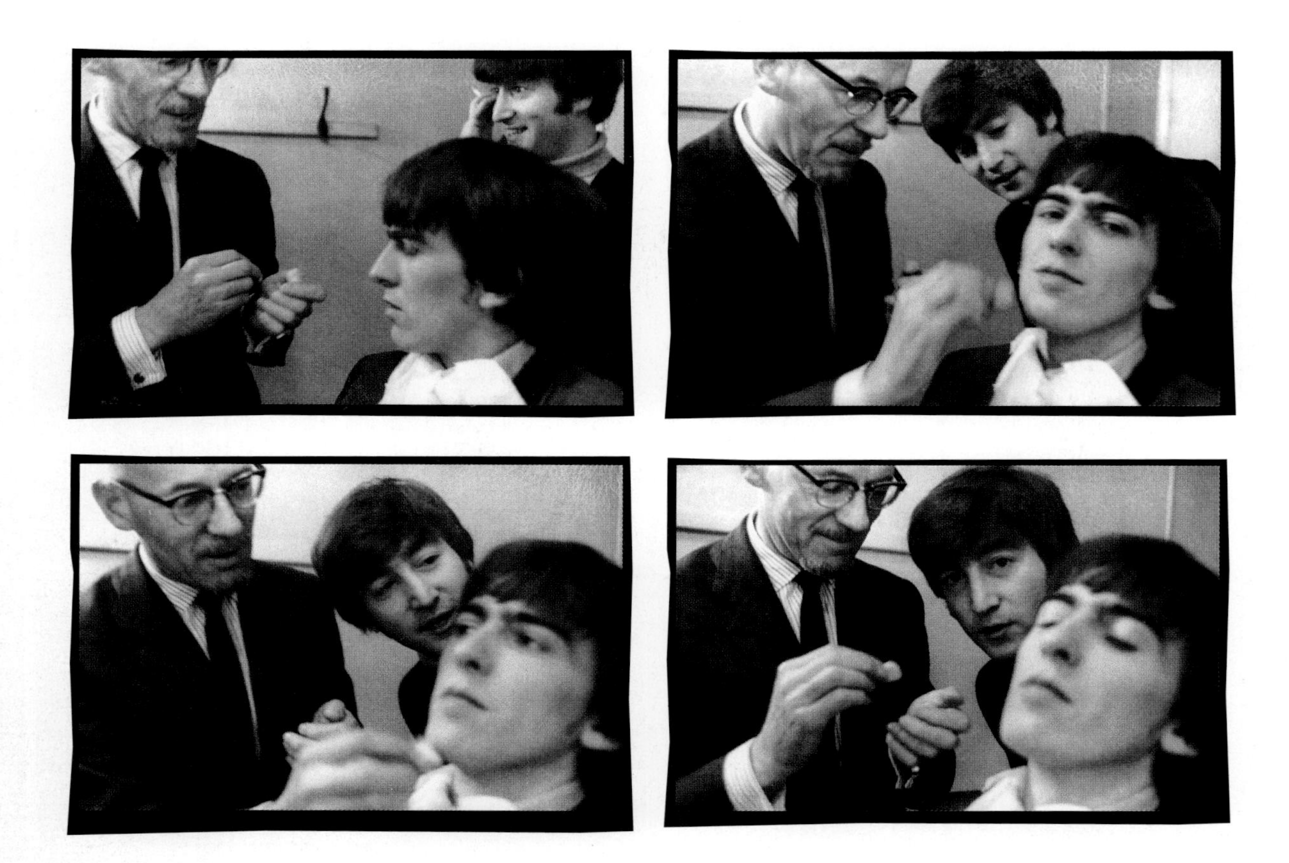

EIN STIL WIRD GEBOREN
Sobald die Beatles anfingen, professionell aufzutreten, machten sie sich über ihr Aussehen viele Gedanken. Es war dem Einfluß ihres Managers Brian Epstein zu verdanken, daß sie die Bühne stets tadellos gepflegt betraten. Sie teilten sich immer eine Garderobe, saßen vor einem langen Spiegel, frisierten und schminkten sich.

SCALEXTRIC
MODEL MOTOR
RACING

PILZKÖPFE
Sie benutzten ein Minimum an Bühnen-Make-up, nur etwas Puder, um den Schweiß zu kompensieren, der durch die starken Bühnenscheinwerfer hervorgerufen wurde. Zwar hielt man lange Haare damals für nicht gesellschaftsfähig, aber die Pilzköpfe der Beatles waren immer äußerst sauber und sorgfältig gestylt. Auch wenn sie viel Zeit auf ihr Äußeres verwendeten, waren sie absolut nicht eitel.

(Umseitig:)
LETZTER SCHLIFF
Ein letzter Blick in den Spiegel, ein kurzer Strich durch die Haare, nochmals den Kragen glätten, und die Beatles sind bereit, vor ihre Fans zu treten.

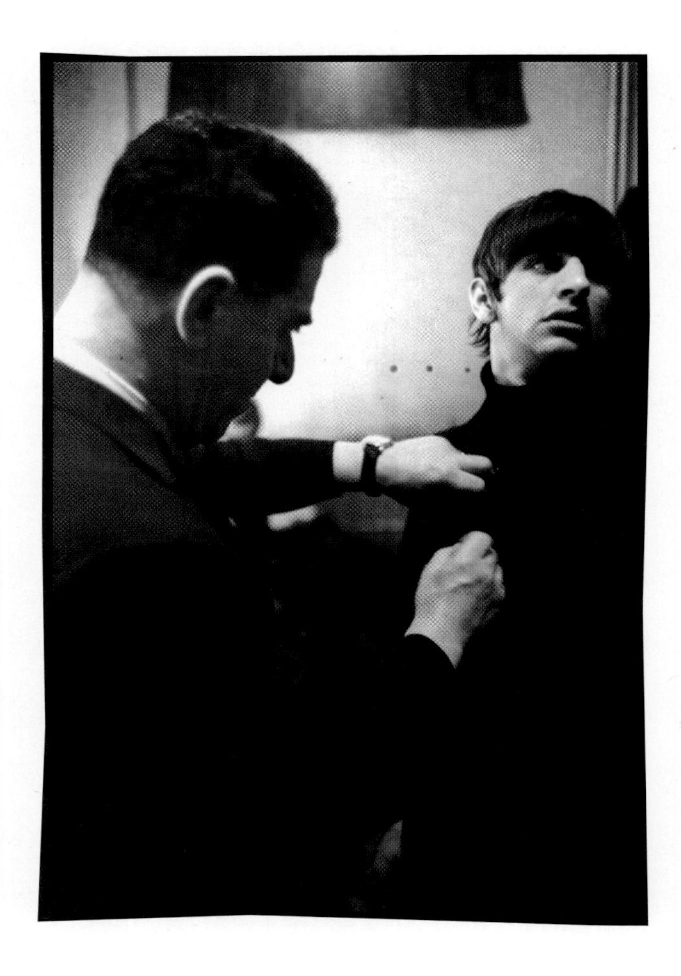

NUR ERNST BLEIBEN
Inzwischen hatten die Beatles einen eigenen Schneider, Doug Millings. Hier sehen wir Ringo, der gar nicht daran denkt, diese Anprobe ernst zu nehmen, und damit seinem Ruf alle Ehre macht.

KURZ VOR DEM AUFTRITT
Ich habe die Jungs niemals vor einer Show nervös erlebt. Alles war sehr entspannt. Sie hatten noch gar nicht recht begriffen, was geschah und welchen Druck ihr Ruhm schließlich mit sich bringen würde.

STARTKLAR
George nimmt einen letzten Schluck Milch, bevor er auf die Bühne geht.

2

Die Zeit totschlagen

Langeweile wurde für die Beatles zu einem echten Problem. Als sie so berühmt waren, daß sie sich vor ihren Fans verstecken mußten, hielten sie sich vor ihrem Auftritt oft stundenlang in der Garderobe auf und mußten irgendwie die Zeit totschlagen. Diese Stunden zu überbrücken war für sie bisweilen quälend.
Sie schienen sich nie mit Geld zu beschäftigen, darum kümmerte sich Brian Epstein, und ich bin mir nicht sicher, ob sie sich ihres Wertes bewußt waren. Wenn sie etwas wollten, dann sagten sie das normalerweise ihrem Roadmanager Neil Aspinall. Brian und Neil versorgten sie wie kranke Kinder, brachten ihnen Spielzeug und Spiele, an denen sie Spaß hatten und die sie bei Laune hielten. Sie besorgten ihnen elektrische Spielzeugeisenbahnen und Rennwagen, mit denen die vier ausgelassene Wettrennen veranstalteten.
Auch die Fans schickten bergeweise Spielzeug, das vor jedem Konzert in der Garderobe auf sie wartete und auf das sie sich bei ihrer Ankunft begeistert stürzten. Wenn bis zum Auftritt noch genug Zeit war, und meistens war das der Fall, dann spielten sie so lange, bis es Zeit für sie war, sich für den Auftritt vorzubereiten.
Die Beatles schienen gut miteinander auszukommen, wenn man bedenkt, wie oft sie zusammen auf engstem Raum eingesperrt waren. »Natürlich haben wir auch mal Streit«, sagte John Lennon, »aber das ist nie etwas Ernstes. Wir sind seit Jahren miteinander befreundet. Normalerweise überwerfen sich Leute, die sich nur wegen des Geschäfts zusammentun.«

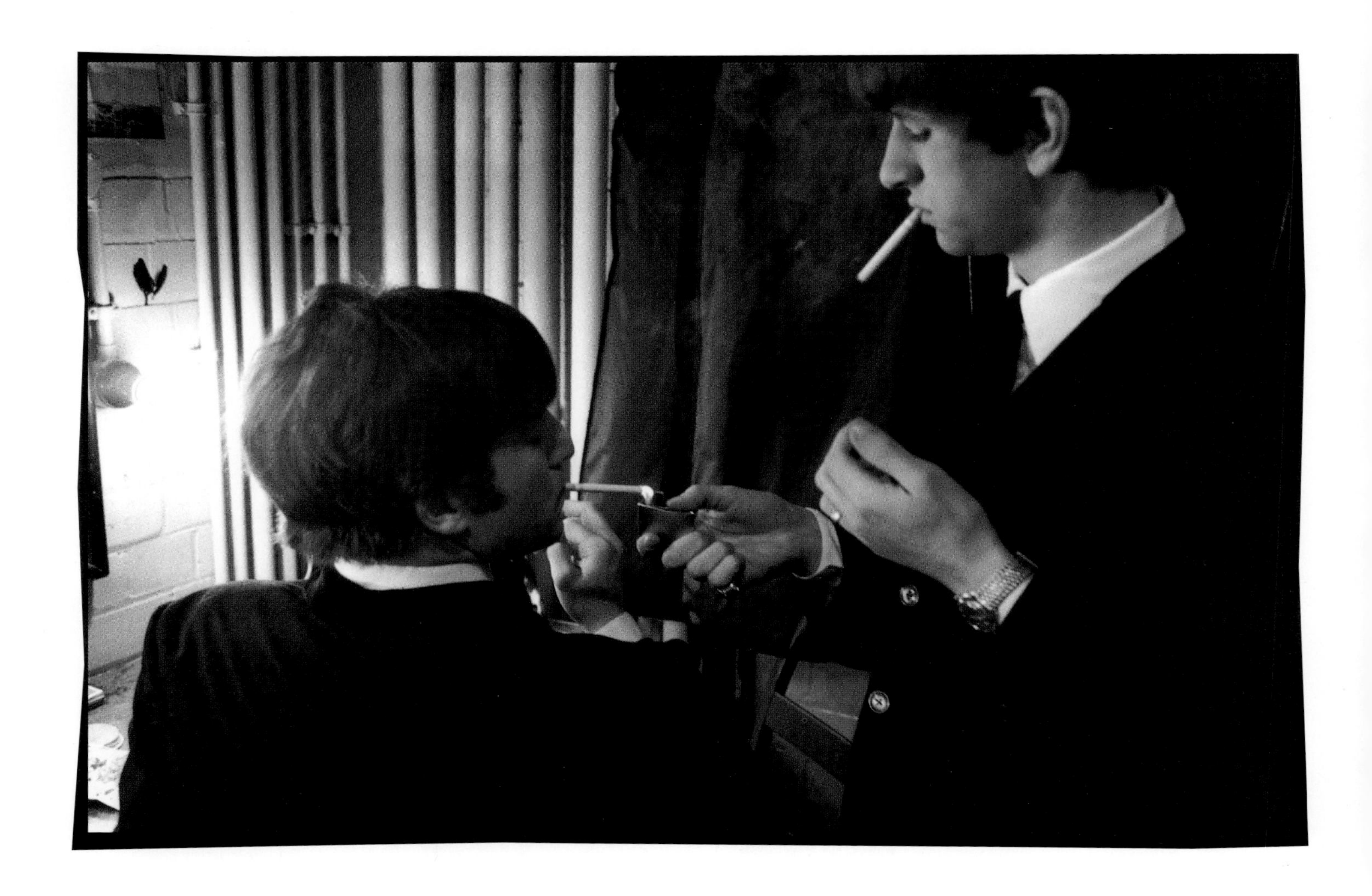

ENTSPANNUNG DER LEICHTEN ART
Die Jungs rauchten alle unablässig – wahrscheinlich war es eine Methode, die Langeweile zu vertreiben. Aber ich habe niemals in ihrer Nähe den Geruch von Marihuana wahrgenommen, und sie zogen im allgemeinen Tee und Pepsi Cola alkoholischen Getränken vor. Im Gegensatz zu den Rolling Stones, die ihr Rebellen-Image pflegten, machten die Beatles sowohl in der Öffentlichkeit als auch im Privatleben einen anständigen Eindruck.

ZWEI MUSKETIERE
Hauptsache, die Zeit vergeht: George und Ringo albern hinter der Bühne mit Fechtdegen herum. Die Jungs hatten unterwegs immer ein komplettes Set von Scalextric-Modellrennwagen bei sich. Sie wetteiferten leidenschaftlich miteinander und schienen das Spiel nie leid zu werden.

EXIT

IN LIEBE VON...
Dem ständigen Bedarf an Autogrammen nachzukommen hielt die Jungs ebenfalls auf Trab. Diese Arbeit nahm so überhand, daß sie damit schließlich nicht mehr nachkamen. Deshalb mußten Roadies und andere Mitglieder ihrer Mannschaft einen Teil der Autogrammkarten, die an die Fans verschickt wurden, unterschreiben. Jahre später, als die Autogrammfotos der Beatles bei Sotheby's und anderswo hohe Preise erzielten, hatten die Experten Probleme, die Fälschungen von den Originalen zu unterscheiden.

DIE FOTOS
Alle meine Filme, zum größten Teil Kodak Tri X, gingen nach New York und wurden dort fachmännisch in dem großartigen Life-*Labor entwickelt. Jedesmal, wenn ich einen Schwung Kontaktbogen zurückbekam, brachte ich sie den Jungs und zeigte sie ihnen. Sie wollten sie immer sehen und reagierten meistens begeistert. Auf der Seite gegenüber ist der Kontaktbogen zu sehen, den Ringo hier gerade studiert; die Fotos zeigen die Beatles, wie sie gerade ihre erste Goldene und Silberne Schallplatte entgegennehmen.*

(Umseitig:) Ein Moment der Ruhe und Entspannung.

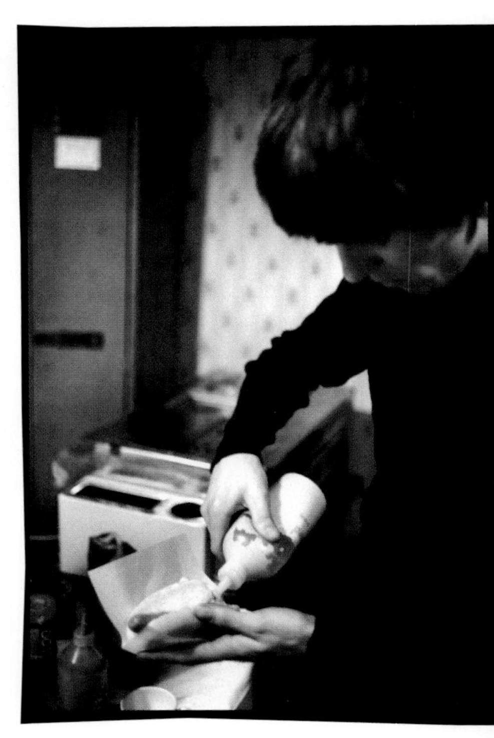

GUTEN APPETIT
Als die Beatles 1963 ihre Christmas Show im Astoria *in Finsbury Park, Nord-London, machten, trauten sich die Jungs noch zum Essen in die Kantine. Später wurde ihnen das Essen, meist irgend etwas mit Pommes Frites, vor dem Auftritt in die Garderobe gebracht (siehe auch übernächste Doppelseite).*

TEATIME
Rolf Harris und ein diensthabender Polizist kamen vor dem Auftritt im Astoria *auf eine Tasse Tee in die Garderobe.*

NICHT SO LUSTIG
Lieber hätten sie in der Kantine gegessen, aber in der Garderobe waren die Beatles wenigstens ungestört.

JEDES FOTO EINE GESCHICHTE
Obwohl es so aussieht, als ob Paul völlig in meine Kontaktbogen vertieft sei und sich meinen Fotoapparat aneignen möchte, waren es vor allem George und Ringo, die ein großes Interesse an Fotografie zeigten, wenn ich mit ihnen zusammen war. Ich benutzte vier oder fünf 35 mm-Nikon-Fotoapparate, die ich oft hinter der Bühne herumliegen ließ. George und Ringo schnappten sie sich und knipsten sich gegenseitig oder ihre Freunde. Die Fotoapparate faszinierten sie, und ich erklärte Ringo und George stundenlang alles über Nikon-Kameras, bis ich herausfand, daß sich beide eine Pentax gekauft hatten!

EDDIE WARING PRESENTS
Paul sieht sich im Fernsehen die Sendung von Eddie Waring an.

WITH A LITTLE HELP FROM MY FRIENDS
Noch eine Möglichkeit, sich die Zeit zu vertreiben, war, Freunde um sich zu haben. Oft kamen die Freunde der Beatles in die Garderobe. Die Schauspielerin Sandra Caron (mit Hut) war ein prima Kumpel, ebenso ihre Schwester, die Sängerin Alma Cogan. Zu den Gästen gehörten auch die Schauspielerin Fenella Fielding. Auf der nächsten Doppelseite sieht man die Beatles im Gespräch mit Mick Jagger. Der erste Top 20*-Hit der Rolling Stones, »I Wanna Be Your Man« (eine Komposition von Lennon und McCartney), stand zu jener Zeit gerade in den Hitparaden. Mit auf dem Bild der Musiker Johnny Gustafson aus Liverpool.*

3
Twist and Shout

Die Beatles machten auf der Bühne einen ebenso ruhigen und entspannten Eindruck wie in ihrer Garderobe. Wenn die Jungs auf die Bühne kamen, beeindruckten sie das stürmische Geschrei und die helle Aufregung, mit der sie empfangen wurden, sehr wenig. Sie unterhielten sich und alberten untereinander und mit dem Publikum herum.

Einmal erklärten sie öffentlich, daß sie Gummibärchen lieben würden. Mit dem Ergebnis, daß die Bühne beim nächsten Konzert mit Süßigkeiten übersät war, die aus fast allen Himmelsrichtungen durch die Luft geflogen kamen. Lennons Kommentar: »Das ist wohl die klebrigste Substanz auf Gottes Erdboden. Manchmal denken die Teenager, daß wir neue Tanzschritte ausprobieren, dabei versuchen wir nur, unsere Füße von den Bühnenbrettern loszubekommen.« Außerdem war die Bühne gespickt mit zusammengeknüllten Liebesbriefchen.

Es war für mich nicht unproblematisch, vor der Bühne zu fotografieren, denn ich mußte mich zwischen die Fans und die Phalanx der Polizei, die die Bühne bewachte, zwängen. Ein Polizist meinte einmal: »Diese Mädchen rutschen einem wie Aale zwischen den Beinen durch, wenn sie wie von Sinnen nach vorne stürmen, um in die Nähe der Beatles zu kommen. Sie scheinen überhaupt nicht zu bedenken, wie gefährlich das ist.«

In jenen frühen Beatles-Tagen stand alles Kopf. Wie dieses Beatles-Phänomen in seinem ganzen Ausmaß über diese vier jungen, ganz normalen Burschen hereinbrach, das war schon etwas Außergewöhnliches. John Lennon war damals dreiundzwanzig, Paul fast zwei Jahre jünger. Sie hatten sich 1957 kennengelernt, als Paul bei Johns Skiffle-Band, The Quarry Men, Gitarrist wurde. George Harrison war ein Jahr jünger als Paul, aber die beiden kannten sich von Kindesbeinen an. Paul brachte John und George zusammen, als dieser gerade vierzehn Jahre alt war. Die drei kannten sich also eine Ewigkeit. Ringo war der älteste der vier und hatte die anderen in der Rock'n'Roll-Szene von Liverpool kennengelernt, war aber erst im August 1962 bei den Beatles eingestiegen, nachdem ihr früherer Schlagzeuger Pete Best auf umstrittene Weise gefeuert worden war.

AND
THRILLS and SPILLS FROM the GOLDEN AGE OF COMEDY,
'ANYTHING FOR LAUGHS'
TECHNICOLOR
Christmas SHOW
TODAY
ALL SEATS SOLD

NUR DAS NICHT
The Beatles Christmas Show *im* Astoria *lief vom Weihnachtsabend 1963 bis zum 11. Januar 1964 und war eine Mischung aus Pantomimeeinlagen und normalem Live-Konzert. William Mann, Kritiker bei* The Times *für »ernste« Musik, bezeichnete in einem Artikel, der zwischen Weihnachten und Neujahr erschien, Lennon und McCartney als »die überragenden Komponisten des Jahres 1963«, und entdeckte in ihrer Musik Bezüge zu »diatonischen Clusters« und »äolische Kadenzen«, schrieb ihrer Musik also Eigenschaften zu, die ihnen selbst sicherlich nicht bewußt waren. Einen ganz anderen Beitrag zum Spektrum der Kritiken und Komplimente lieferte die Komödiantin Dora Bryan mit ihrer Platte »All I Want for Christmas is a Beatle«, der zum absoluten Hit der Saison wurde.*

THE BEATLE

GUMMIBÄRCHEN
Damals bestand das Beatles-Publikum zu gut fünfundsiebzig Prozent aus jungen Mädchen. Es gab etliche Jungen, die sichtlich Spaß hatten, aber im Vergleich zu den Mädchen verhielten sie sich ziemlich ruhig. Das Foto rechts wurde von einem Seitenflügel des Astoria, *Finsbury Park, geschossen. Die Bühne ist übersät mit Gummibärchen, die die Fans geworfen hatten.*

ALL TOGETHER
Die jeweiligen Songs verlangten nach einer entsprechenden Umsetzung, und John, Paul und George bezogen auf der Bühne demgemäß Position. Hier scharen sie sich für »I Wanna Hold Your Hand« und »She Loves You« um ein Mikrofon.

VOX

AUF DER BÜHNE
Das ist eines meiner Lieblings-Live-Fotos von den Beatles. Es entstand im Apollo, *Manchester. Die Fans scheinen sich ebenfalls gut zu amüsieren.*

THE
BEATLES

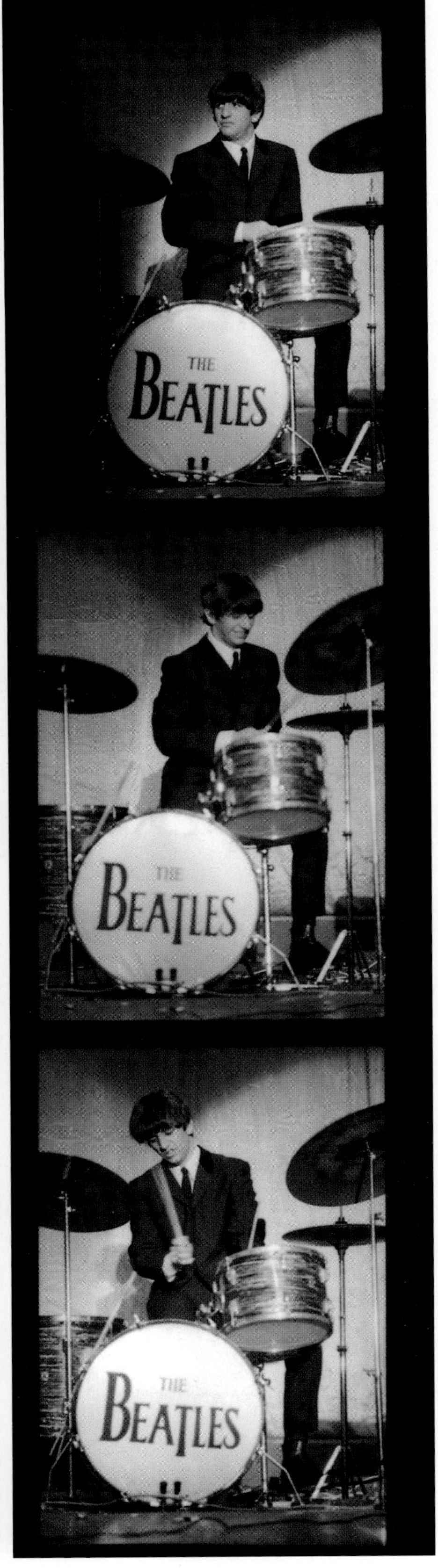
THE
BEATLES

RHYTHM'N'BLUES
Ringo stimmt in den Gesang von »She Loves You« ein. Später konnte man Ringos charakteristische Stimme als Leadgesang in Songs wie »Honey Don't« und »Act Naturally« hören.

She Loves You
Wenn zwei der Jungs ihre Köpfe zusammensteckten und die hohen Töne von »She Loves You« trafen, lösten sie jedesmal ein ohrenbetäubendes Gekreisch bei den Mädchen im Publikum aus.

DUETT

Weil Paul seine Gitarre linkshändig spielte, fiel es ihm sehr leicht, mit dem Kopf ganz nah an John und George heranzurücken. Das sah fantastisch aus und beeindruckte mächtig – es wirkte so, als ob sie sich gegenseitig ansingen würden, und die Fans liebten es (siehe auch die nächsten beiden Doppelseiten). Obwohl auch John und George beim Singen die Köpfe zusammensteckten, hatte es nicht dieselbe Wirkung, wie wenn einer von ihnen neben Paul stand.

FINALE
Am Schluß jedes Auftritts verabschiedeten sich die Jungs vom Publikum immer mit einer tiefen Verbeugung. Selbst Ringo machte hinter seinem Schlagzeug einen tiefen Diener.

4

Alles im Griff

Solange ich die Beatles kannte, waren sie von schweren Sicherheitsvorkehrungen umgeben. Was für ein Aufgebot an Polizeischutz für die Beatles nötig war, erfuhren wir, als wir bei dem etwas altmodischen Hotel *Branksome Towers* ankamen. Dank unserer Presseausweise konnten wir passieren. Aber einige Fans, die das Versteck der Jungs ebenfalls ausfindig gemacht hatten, wurden von den Blauuniformierten am Ende der langen Auffahrt zum Hotel in Schach gehalten.

Lange vor dem Beginn eines Konzerts bezog die Polizei draußen vor dem Theater, in dem die Beatles auftraten, ihren Posten. Kreischende junge Mädchen, die keine Karten mehr bekommen konnten, hofften sehnsüchtig, einen flüchtigen Blick auf ihre Idole werfen zu können, und die Polizei mußte immer auf einen möglichen Tumult gefaßt sein. Die Beatles trafen entweder Stunden vor ihrem Auftritt ein und wurden dann in ihrer Garderobe sicher abgeschirmt, bevor sich die Massen zusammenrotteten, oder sie wurden durch eine Hintertür oder einen Nebeneingang hineingeschmuggelt.

Die Kosten für diesen aufwendigen Polizeischutz waren enorm. Einige Gemeindeverwaltungen überlegten ernsthaft, ob sie sich einen Auftritt der Beatles in ihrer Stadt leisten konnten. Die Sicherheitsvorkehrungen verursachten höhere Kosten als die für die königliche Familie oder hochgestellte Politiker.

BELAGERUNGSZUSTAND
Die Beatlemania überrollte Bournemouth, eine Stadt, in der normalerweise gutsituierte Pensionäre und ehrbare Feriengäste den Ton angaben. Lange bevor die Erholungsorte am Meer während der Bank-Holiday-*Tage vom Terror der Hooligans heimgesucht wurden, mußten sich die Organisatoren des* Winter Gardens *und die örtliche Polizei fragen, was ihnen da widerfahren war!*

POLIZEISCHUTZ
Wenige Minuten nach Konzertschluß wurden die Beatles schnellstens durch eine unauffällige Seitentür aus dem Theater zu einem wartenden Polizeibus geschleust und im Eiltempo weggebracht. Nach ihrem Auftritt in Bournemouth brachte sie der Bus zu ihrem Austin Princess, und der Chauffeur fuhr sie ins Hotel zurück, wo sie eine friedliche Nacht verbrachten.

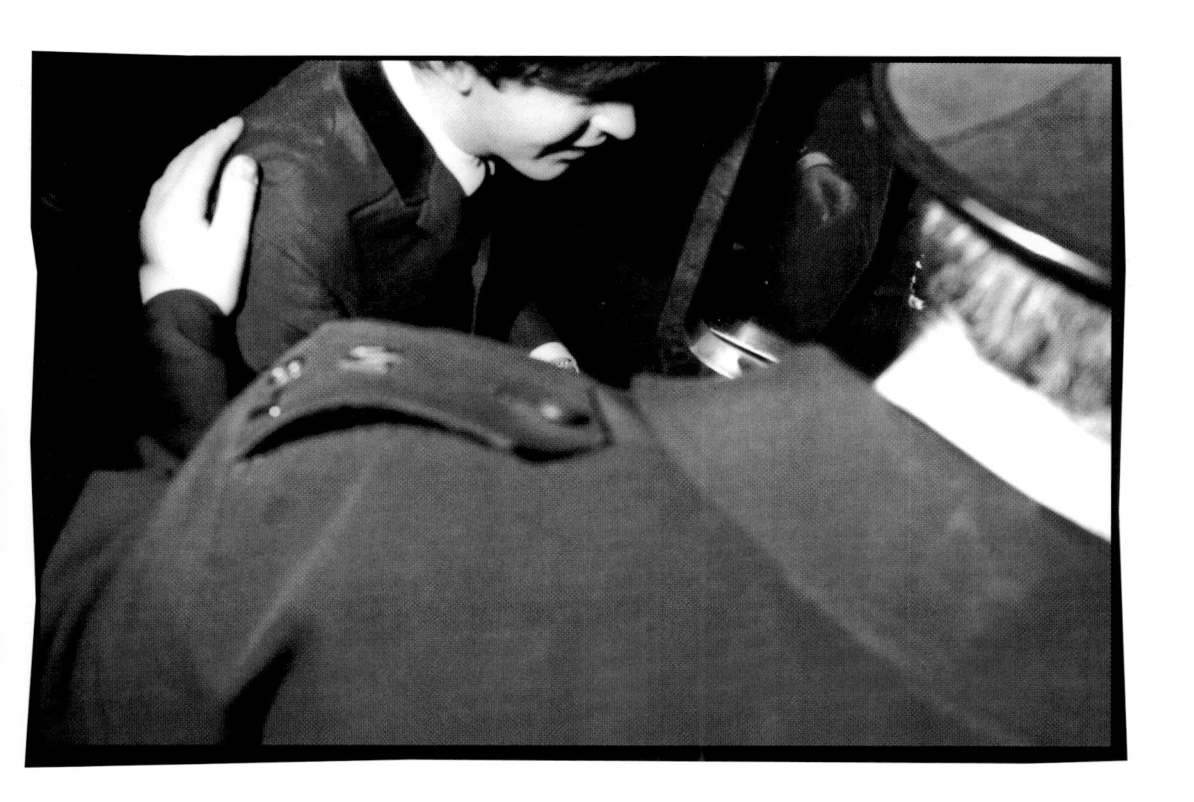

NOCHMALS TWIST AND SHOUT
Die Jungs schienen die Reaktionen, die sie hervorriefen, nicht sonderlich zu beunruhigen. Sie stampften und zuckten rhythmisch zu ihrer eigenen Musik. Die Mädchen drehten durch, und die Polizeitruppe von Bournemouth hatte große Mühe, das ekstatische Publikum daran zu hindern, die Bühne zu stürmen.

EXIT

N
72

DIE POLIZEI, DEIN FREUND UND HELFER

Die Jungs zeigten sich den Polizisten, die zu ihrem Schutz abgestellt waren, umgänglich und freundlich und trieben mit einigen von ihnen harmlose Späßchen. An einem Abend im Astoria *hoben drei stämmige Polizisten Ringo zur Decke hoch, als er von der Bühne kam; als Revanche ließ er Papierschnipsel auf sie regnen. »Es schneit!« schrie er. Während die Fans sehnsüchtig beim Bühneneingang warteten, tobten sich ihre Idole auf unbeschwerte Weise vor ihrer Garderobe aus.*

»FÜR MEINE TOCHTER«
Oftmals waren die Polizisten selbst Fans oder hatten kleine Töchter, die alles dafür getan hätten, um da zu sein, wo ihre Mütter und Väter Dienst taten. Für sie war es eine gewisse Entschädigung für diese Arbeit, wenn sie ein Autogramm der »Fab Four« bekamen.

EXIT

5

She Loves You

Dieser erste Abend im *Winter Gardens* war für jemanden, der noch vor kurzem Reportagen über die Kriegsgebiete in Afrika gemacht hatte, eine Art Kulturschock. Im Publikum saßen vielleicht 3000 Leute, und mindestens 1500 davon waren junge Mädchen. Wegen der gellenden, rasenden, fast schon orgiastischen Schreie der Fans und der nicht minder ohrenbetäubenden Mega-Dezibels aus den riesigen Verstärkern, die den »Beat« der vier Pilzköpfe hinausschmetterten, war mir, als würde das Dach des Theaters abheben.

Chaos herrschte, wo immer die Beatles auftauchten. Draußen vor dem Theater kämpften die Mädchen darum, einen Blick auf sie zu erhaschen, drinnen kreischten und schrien sie und bekamen hysterische Anfälle. Im *Apollo Theatre* in Manchester herrschte ein solches Durcheinander, daß Frank Allen vor dem Konzert unbehelligt auf die Leiter klettern und zwei starke Ascor-600-Stroboskop-Lampen installieren konnte, die ins Publikum blitzten, so daß ich die Reaktionen der Menge fotografieren konnte. Wir hatten auch zwei starke Quarzlampen dabei, für die er Steckdosen ausfindig machen konnte. Es war eine echte Meisterleistung von Frank, die Kabel so zu verlegen, daß sie beim Ansturm der Menge nicht im Weg waren. Die Veranstalter hielten diese Extrabeleuchtung einfach für einen Teil der Show! Durch ein langes Kabel an meinem Fotoapparat konnte ich auf der Bühne herumspazieren und die Beatles von hinten fotografieren, während die Ascor-Lampen das gesamte Publikum im Theater ausleuchteten. Die Leute dachten einfach, auch ich würde zur Show gehören!

Obwohl wir erkannten, daß die Beatles etwas Besonderes waren, konnten wir uns nicht vorstellen, daß diese Form von Enthusiasmus von langer Dauer wäre. Und ganz offensichtlich dachten sie genauso. Wir gingen davon aus, daß sich das alles in sechs, acht Monaten oder einem Jahr legen würde. Als ich sie zum ersten Mal traf, waren sie einfach nur eine Gruppe junger Burschen aus Liverpool, die das Glück gehabt hatten, die Musik, die sie mochten, spielen zu können.

AUSDAUER
Die Fans warteten selbst bei schlechtestem Wetter stundenlang auf die Ankunft der Beatles (siehe auch die nächsten Doppelseiten). Meist wurden sie jedoch enttäuscht. Als sie endlich beim Palladium *in London ankamen (siehe umseitig), wurden die Jungs direkt vor die Eingangstür gefahren und brachten sich, streng von der Polizei bewacht, eilig im Foyer in Sicherheit.*

QUALITY INN
GOOD FOOD
QUALI

CHARLIE DRAKE
RESTAURANT
ALITY INN

EXIT

DIE BEATLEMANIA ENTSTEHT
Die Mädchen versuchten alles, um auf die Bühne zu gelangen. Ich erinnere mich an ein Mädchen in Manchester, das völlig verrückt spielte, von ihrem Sitz hochsprang und sich das Haar raufte. Kaum hatte ein Saalordner sie auf ihren Sitz zurückgedrückt, schnellte sie wie ein Schachtelmännchen wieder hoch, bis ein stämmiger Polizist auftauchte. Ich sah, wie er sich über sie beugte und etwas zu ihr sagte. Dann setzte sie sich hin und hielt still. Nach dem Konzert ging ich zu ihm und fragte ihn: »Wie haben Sie das fertiggebracht?« Und er antwortete: »Ich habe ihr verdammt fest auf ihre blöden Zehe getreten.«

RUHM
Winter Gardens,
Bournemouth, 16. November 1963. Hier haben wir die Beatles zum ersten Mal begleitet und die hysterischen Szenen erlebt, die bald zum alltäglichen Erscheinungsbild im ganzen Land gehörten.

KODAK TRI X PAN FILM
SAFETY FILM

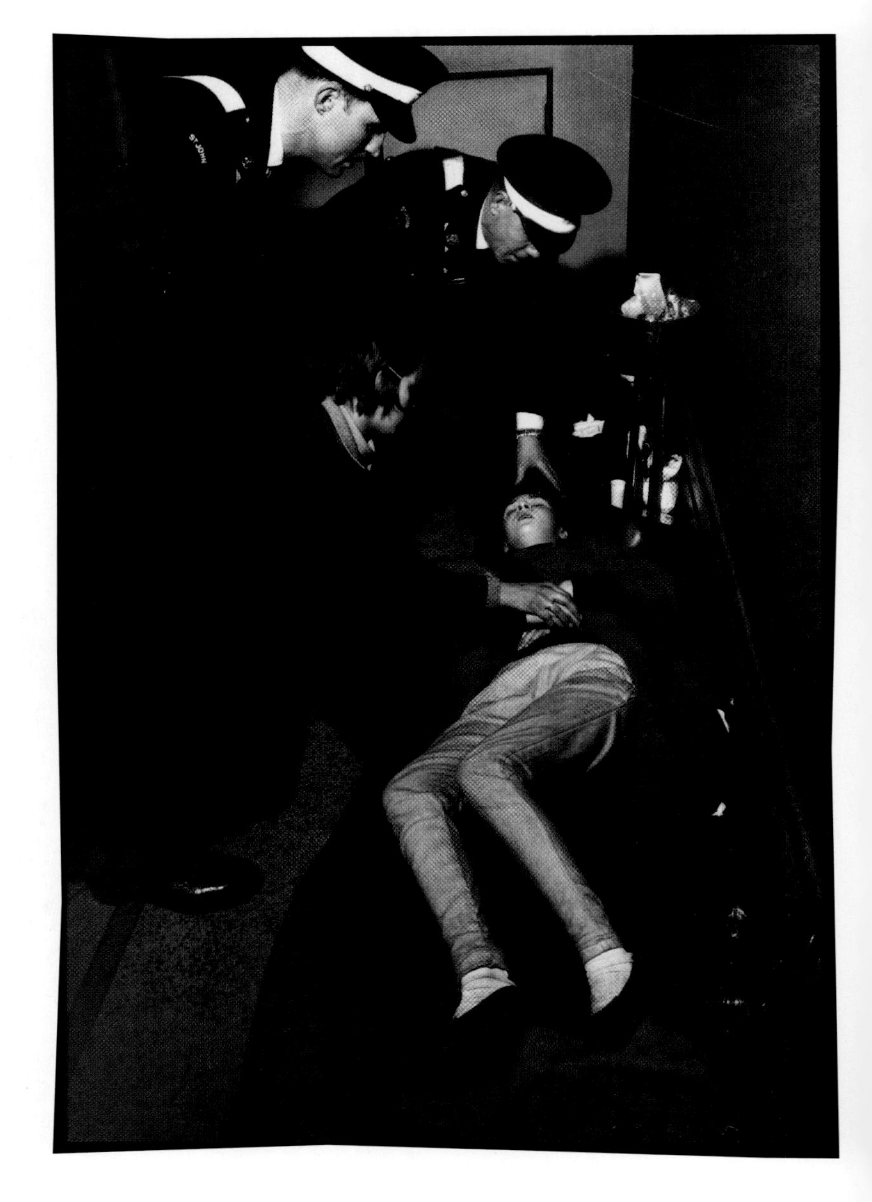

OHNMÄCHTIGE FANS
Ohnmächtige Fans, die man auf dem Fußboden des Theaterfoyers nebeneinandergelegte, waren an der Tagesordnung. Diese Bilder hier stammen aus dem Apollo *in Manchester, wo sich die irritierten Männer des St. John's-Sanitätsdienstes und Freiwillige des Roten Kreuzes um sie kümmerten. Eine Krankenschwester erzählte mir, daß manche Mädchen während des Auftritts so in Ekstase gerieten, daß sie sogar einen Orgasmus hatten.*

ST. JOHN

6

Auf Tournee

Am Morgen, nachdem wir die Beatles zum ersten Mal getroffen hatten, mußten sie von ihrem Hotel, das außerhalb von Bournemouth lag, zu ihrem nächsten Auftrittsort, dem *Coventry Theatre* fahren. Sie schliefen lange, frühstückten auf ihren Zimmern und stahlen sich durch den Kücheneingang zu ihrer Limousine, die bereits auf sie wartete. Sie luden mich ein, sie zu begleiten, während Frank uns in seinem Wagen folgte. Unterwegs kehrten wir in einem kleinen, unscheinbaren Lokal ein – das waren die einzigen öffentlichen Orte, in denen die Jungs noch, ohne belästigt zu werden, essen konnten. Doch selbst da wurden sie von Kellnerinnen jeglichen Alters und anderen Gästen um Autogramme gebeten, die sie lächelnd verteilten. Während der Zeit, in der ich mit den Beatles zusammen war, waren sie zu ihren Fans und allen, die für sie unterwegs arbeiteten, stets freundlich und höflich.

Nach dem Mittagessen rief ihr Fahrer die Polizei in Coventry an, um die Anweisungen für den Treffpunkt zu erhalten, von wo aus man sie sicher ins Theater eskortieren würde. Eine der Bedingungen der Polizei war, daß die Beatles vor Schulschluß um 15.30 Uhr im Theater waren. Trotzdem gab es fast einen Aufruhr, als wir das Theater erreichten und Mädchen die Limousine der Beatles bestürmten. Die Polizei eskortierte den Wagen der Beatles eiligst weiter, und dann verschwanden sie in einem Hintereingang.

Ihre Abfahrt war noch dramatischer, sie wurden direkt durch den Bühneneingang eiligst zu ihrer Limousine geleitet. Dann wurden die Autotüren von innen verriegelt, und der Wagen raste davon. Auf diese Weise verließen sie normalerweise ein Konzert, aber in Portsmouth mußten sie einmal durch einen U-Bahn-Tunnel flüchten. Mehrmals liehen sie sich Polizeihelme und Polizeimäntel oder setzten komische Hüte und Sonnenbrillen auf, um durch derartige Verkleidungen ihren Fans zu entkommen.

UNTERWEGS
Vor dem Branksome Towers Hotel, *in der Nähe von Bournemouth. Dort trafen Frank und ich zum ersten Mal die Beatles.*
Das Hotelpersonal und Gäste versammelten sich, um die Jungs zu verabschieden, als sie zum Winter Gardens *aufbrachen, wo sie an diesem Abend auftreten sollten. Selbst auf dem Weg zum Konzert trug Paul McCartney, wie immer, sein Transistorradio bei sich.*

WELCHER IST JETZT PAUL?
Die Beatles konnten unterwegs nur in Fernfahrerkneipen essen, weil sie in besser besuchten Lokalen einen Aufruhr verursacht hätten. Die Jungs waren immer sehr freundlich und gaben dem Personal und den anderen Gästen bereitwillig Autogramme (siehe auch umseitig). Sie hielten sich nicht für große Stars, die sich zu fein für ihr Publikum waren – im Gegenteil. Sie waren normale, bodenständige Menschen.

DER PREIS DES RUHMS
Auch in den einfachsten Restaurants wurden die Beatles von Fans erkannt und bedrängt. Doch sie nahmen es immer mit Humor.

7

Die Fab Four

Über die Beatles als Band und als Einzelpersonen ist so viel geschrieben worden, daß es schwer ist, noch etwas Neues hinzuzufügen. John, der Rebell mit dem umwerfend witzigen Mundwerk; Paul, hinter dessen engelhaftem Chorknabengesicht sich ein knallharter Geschäftsmann verbarg; George, der Gentleman, der Ernsthafte; Ringo, eigentlich der komische Kauz, der ständig den Clown spielte – die Beatles-Fans kennen seit dreißig Jahren diese ziemlich oberflächliche Charakterisierung.

Anfang der sechziger Jahre waren die Zeitungen voll mit psychosoziologischen Kommentaren über die Beatles und ihre Popularität, doch folgender deckt sich so ziemlich mit meiner Meinung: »Es ist diese quirlige, hemmungslose Fröhlichkeit der Band, die solchen Enthusiasmus erzeugt ... Sie haben kein vorfabriziertes Image, sondern besitzen eine ungezwungene Individualität.«

Genau das hatte auch Brian Epstein erkannt, als er sie zum ersten Mal im *Cavern* in Liverpool gesehen hatte. Er war mit klassischer Musik aufgewachsen und hielt sie bei ihrem Auftritt für undisziplinierte Radaubrüder und ihre Kleidung für eine Katastrophe – aber, »ich witterte sofort, daß da etwas war. Etwas Großes. Man mußte sie nur aufbauen, aber man durfte sie nicht zähmen.«

Die beste Aussage, die ich aus eigener Hand beisteuern kann, stammt von meiner Tochter Cara. Im November 1963 nahm ich sie zu einem Fototermin bei EMI mit. Zuvor waren den Beatles ihre erste Goldene und ihre erste Silberne Schallplatte verliehen worden. Die Beatles kannten Cara inzwischen längst und begrüßten sie herzlich. Später, als wir das Gebäude verließen, bemerkte sie: »Aber, Paps, sie sind so normal. Ganz normale Jungs.«

Und genau das habe ich auch immer über sie gedacht.

RINGO
Als er einmal gefragt wurde, warum er an vier Fingern Ringe trage, erwiderte er: »Weil ich sie nicht alle durch die Nase ziehen kann.« Er war nie die treibende Kraft der Beatles und wurde als »der unvergeßlichste Begleitmusiker der Geschichte« beschrieben. Vielleicht nahm er die Sache einfach gelassener, weil er ein Außenseiter war. Oder vielleicht hatte er dabei seinen Spaß, weil er eben Ringo war.

STETS FÜR POSSEN ZU HABEN
Ringo mit einem Heft voll Schauergeschichten.

Amazing stories of
Suspense

GEORGE
Der stille, höfliche George, der immer etwas im Schatten von Lennon und McCartney stand. Und doch blieben nur er und John nach der Trennung der Beatles gute Freunde. Als John ermordet wurde, schrieb George einen bewegenden Nachruf, in der es unter anderem hieß: »Du warst derjenige, der das Ganze erfunden hat.« Fast zehn Jahre später ließ er mit Freuden die Erinnerung an jene berauschenden Zeiten in seinem Song »When We Was Fab« wiederaufleben.

(Umseitig:) George Harrison mit einem kleinen Fan.

ERST LIEB UND NETT
Dann eine lange Nase für den Fotografen.

PAUL
Von Anfang an war John beeindruckt, weil Paul eine Gitarre stimmen und sich Songtexte merken konnte. Später erklärte Paul mir, wie viele ihrer Songs entstanden sind: »Wir haben sie auf unseren Gitarren ausprobiert, und wenn wir uns später nicht mehr an sie erinnern konnten, waren sie nicht kommerziell. Es gibt kein Rezept, wie man Hits komponiert, denn wenn es das gäbe, dann könnte man damit eine riesige neue Industrie aufbauen.« Lennon und McCartney haben das dennoch fast geschafft.

(Umseitig:) Paul im Rampenlicht.

OFF STAGE
Nein, niemand will Paul an den Kragen. Aber ein kleiner Jux tut immer gut.

JOHN
Er war nicht nur der witzigste Musiker der Gruppe, sondern auch der schroffste. »Diejenigen, die meinen, wir hätten es einfach gehabt, sollten mal nachdenken«, sagte er. »Kurz vor unserem Durchbruch war es für uns eine gute Woche, wenn wir pro Person 200 Mark bekamen, und die waren für vier Auftritte an einem Tag.« Ihre Position ganz oben schätzte er ziemlich realistisch ein: »An dem Tag, an dem uns unsere Fans im Stich lassen, werde ich mir überlegen müssen, wie ich meinen Whisky und meine Cola bezahle. Im Augenblick befinden wir uns ganz oben. Die Hysterie hat ihren Höhepunkt erreicht.« Damit hatte Lennon wahrscheinlich recht, aber er mußte sich nie mehr den Kopf darüber zerbrechen, wie er seine Rechnungen bezahlen sollte.

PAUL
GEORGE
JOHN

GANZ OBEN
So fühlten sich die Beatles schon damals, ohne zu ahnen, daß ihnen eine noch steilere Karriere bevorstand.

8

Please, Please Me

Obwohl die Beatles und ich von Anfang an gut miteinander auskamen, hat meine ständige Anwesenheit sie zuerst offensichtlich gestört. Wahrscheinlich hatten sie das Gefühl, daß ich ihre Privatsphäre verletzen könnte. Aber mit der Zeit gewöhnten sie sich an das ununterbrochene Klicken des Fotoapparates, und schließlich wurde ich sozusagen ein Teil des Mobiliars. Rückblickend gesehen muß ich sagen, daß es mich wirklich überrascht, wie wenige Fotografen damals bei den Beatles hinter der Bühne auftauchten. Für *Life* war das ein Glück. Außerdem gab es damals nur einige wenige Zeitschriften, die an tiefschürfenden Abhandlungen über Popgruppen interessiert waren.

Ich hatte meine Arbeit trotz der absoluten Gleichgültigkeit des New Yorker *Life*-Büros begonnen. Aber Ende 1963 fuhr George Hunt, der Chefredakteur von *Life*, in die Stadt, und kurz vor einem Tunnel schrie seine Tochter: »Halt den Wagen an, Papa! Im Radio spielen sie diese fabelhaften Beatles. Weißt du, Papa, das ist die größte Popband aller Zeiten.«

Im Büro erkundigte sich George beim Auslandsredakteur. »Bringen wir irgend etwas über diese britischen Beatles?« »Ja«, bekam er zur Antwort, »Terry Spencer ist für uns an der Sache.« Das stimmte zwar, allerdings geschah es bis dahin ohne seinen Segen!

Damals planten die Beatles ja aber bereits ihren ersten Amerika-Aufenthalt und sollten in Ed Sullivans Fernsehshow auftreten. Und deshalb ordnete George an, daß wir einen Aufmacher bringen sollten. Aufmacher über das Showgeschäft waren 1964 selten. Unsere Beatles-Geschichte füllte jedoch über acht Seiten in dieser renommierten Zeitschrift. Und deshalb wollte *Life* plötzlich eine Farbtitelseite.

Das mußte ein gestelltes Foto sein. Wir riefen Brian Epstein an, der uns versprach, dafür zu sorgen, daß die Beatles mindestens zwei Stunden vor Beginn der Nachmittagsshow im *Astoria,* Finsbury Park, sein würden. Wir hatten bereits erlebt, wie wenig Kontrolle Brian über die Gruppe hatte, und so hätte es uns eigentlich nicht verwundern sollen, daß die Beatles erst fünfzehn Minuten, bevor die Vorhänge hochgehen sollten, eintrafen. Als unsere Geschichte am 31. Januar 1964 in *Life* erschien, zierte das Titelblatt ein Foto von Geraldine Chaplin, die gerade ihren ersten Bühnenerfolg feierte. Die Beatles dürften wohl die einzigen im Showgeschäft gewesen sein, die ein Titelblatt von *Life* abgelehnt haben.

FOTOTERMIN
Bei einem offiziellen Fototermin der EMI in London. »Seriöse« Fotos von den Beatles – das hieß, daß man lange herumlungerte, Tee trank, sich langweilte und herumalberte. Ich ziehe die dabei entstandenen Schnappschüsse jenen Aufnahmen vor, die man sich zu machen vornahm. Das umseitige Foto zeigt die Jungs in einer der wenigen Posen, die sie vor meiner Kamera einnahmen – aber es ist wohl kaum eine formelle Studioaufnahme!

FOTO-SESSION
Hier sieht man deutlich, was die Beatles von gestellten Fotos hielten.

SCHLUSS MIT POSEN
Das dachten die Fab Four wohl am Ende der Foto-Session.

9

Der Look

Als Brian Epstein die Beatles zum ersten Mal sah, hielt er ihre Kleidung für eine Katastrophe. Wenn sie Erfolg haben sollten, dann mußte man sie herausputzen. Sie hatten bereits ihren Beatle-Haarschnitt, der von Millionen in aller Welt kopiert wurde. Er war eine Kreation der deutschen Fotografin Astrid Kirchherr, die sie während ihrer Auftritte in Hamburg kennengelernt hatten (sie war mit Stu Sutcliffe, dem »fünften Beatle« verlobt, der kurze Zeit später starb). Brian war mit der Pilzkopf-Frisur einverstanden, aber sie mußten ihre schwarzen Lederklamotten ausrangieren, die John Lennon bevorzugte (Anfang der sechziger Jahre brachten viele Leute in England schwarzes Leder immer noch mit den Nazis in Verbindung), und steckte sie in Straßenanzüge oder allenfalls noch in gutsitzende Rollkragenpullover, enge schwarze Hosen und Stiefel mit hohen Absätzen. Kleine Kragen und Revers wurden Mode, aber in erster Linie wurden die kragenlosen Jacken der Beatles populär und zum wesentlichen Bestandteil des »Look«. Da so viele junge Mädchen in mindestens einen der Beatles wahnsinnig verliebt waren, sahen sich die jungen Burschen allerorts gezwungen, etwas zu unternehmen. Wenn sie schon keine Songs schreiben oder Gitarre spielen konnten, so konnten sie doch wenigstens versuchen, wie diese Idole auszusehen – und genau das taten sie auch.

Watch
Specialis
REPAIRS PROMPTLY
EXECUTED
Peter Trevor
& Co. Ltd.
WATCHES

VON KOPF BIS FUSS
Während die Mädchen überall völlig verrückt nach der Musik und dem Look der Beatles waren, standen ihre Brüder und Freunde Schlange, um deren Stil zu kopieren. Pilzköpfe, kragenlose Jacketts und Stiefel mit hohen Absätzen wurden die Uniform des modebewußten männlichen Teens.

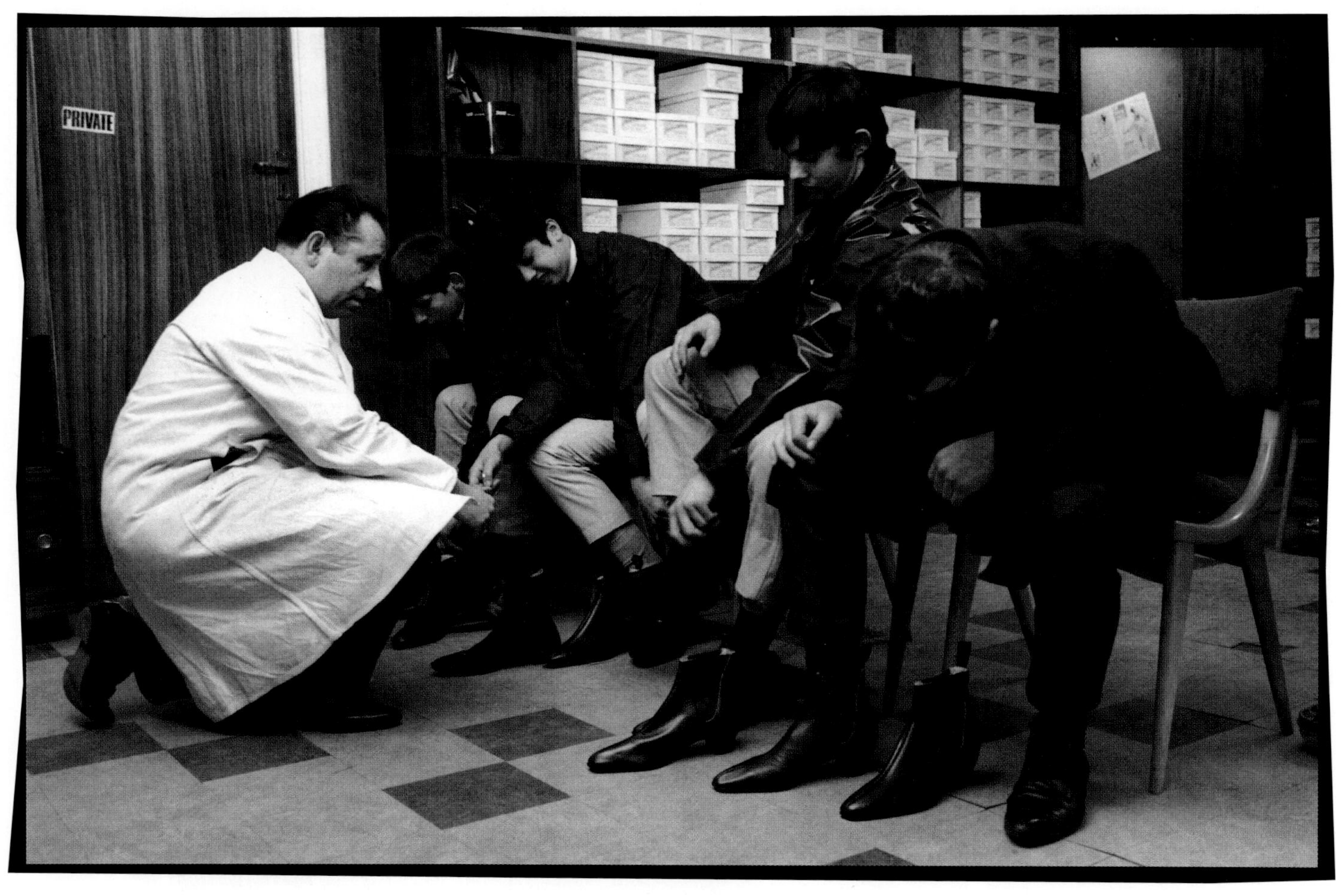

DIE ORIGINALE
Mit einem letzten Blick überprüfen die Beatles ihr Aussehen vor dem Auftritt.

10

SCHÖN, EUCH ZU SEHEN

Am 12. Januar 1964 waren die Beatles für *Sunday Night at the London Palladium* engagiert, eine unglaublich populäre Fernsehshow, die von Bruce Forsyth präsentiert und live ausgestrahlt wurde. Es war ihr zweiter Auftritt in dieser Sendung; durch die erste, die im Herbst zuvor ausgestrahlt worden war, hatte ein riesiges Publikum mit der Beatlemania Bekanntschaft gemacht (und tatsächlich hatte ein Journalist nach eben dieser Sendung diesen Ausdruck geprägt).

Ich habe nie erlebt, daß die Beatles für irgendeinen ihrer Auftritte geprobt hätten, aber für die Show im *Palladium* wurden sie für den ganzen Sonntag herbeizitiert. Es war ein kalter, regnerischer Tag, und trotzdem warteten draußen Hunderte von Fans. Als die Limousine der Beatles ankam, mußte sie eiligst weiterfahren, um der Woge der kreischenden Mädchen zu entkommen. Die Jungs stiegen in zwei Taxen um, legten sich hinten unter die Sitze, und dann fuhren die Taxen mit eingeschalteten »Frei«-Zeichen beim Haupteingang vor. Die Türen wurden aufgestoßen, und die Beatles brachten sich im Foyer in Sicherheit.

Später, am Nachmittag, verließen Tim Green, der Chef des Londoner *Life*-Büros, und ich das Theater durch den Bühneneingang, weil wir essen gehen wollten. Wir kamen bei den Mülltonnen vorbei, und ich schnappte mir den Karton einer Lakritzemischung und gab ihn Tim. Draußen rief Tim der Menge scherzhaft zu, »Will jemand Ringos Lakritze-Karton?« und hielt die Schachtel hoch. Es ertönte ein mächtiger Aufschrei, und acht kreischende Mädchen stürzten sich auf ihn und rissen ihm den Karton aus der Hand. Man stelle sich vor, wie böse die Sache hätte ausgehen können, wenn es einer der Beatles selbst gewesen wäre.

ENTSPANNTE PROBE
Während der Proben im Palladium. *(Vorhergehende Seite:) Ringo und George im Zuschauerraum, während sie die anderen Künstler fotografieren. Ringo wurde unter meiner Anleitung zu einem leidenschaftlichen Fotografen!*
Es war die einzige Probe, die ich bei den Beatles erlebt habe, und selbst hier alberten sie die meiste Zeit nur herum.

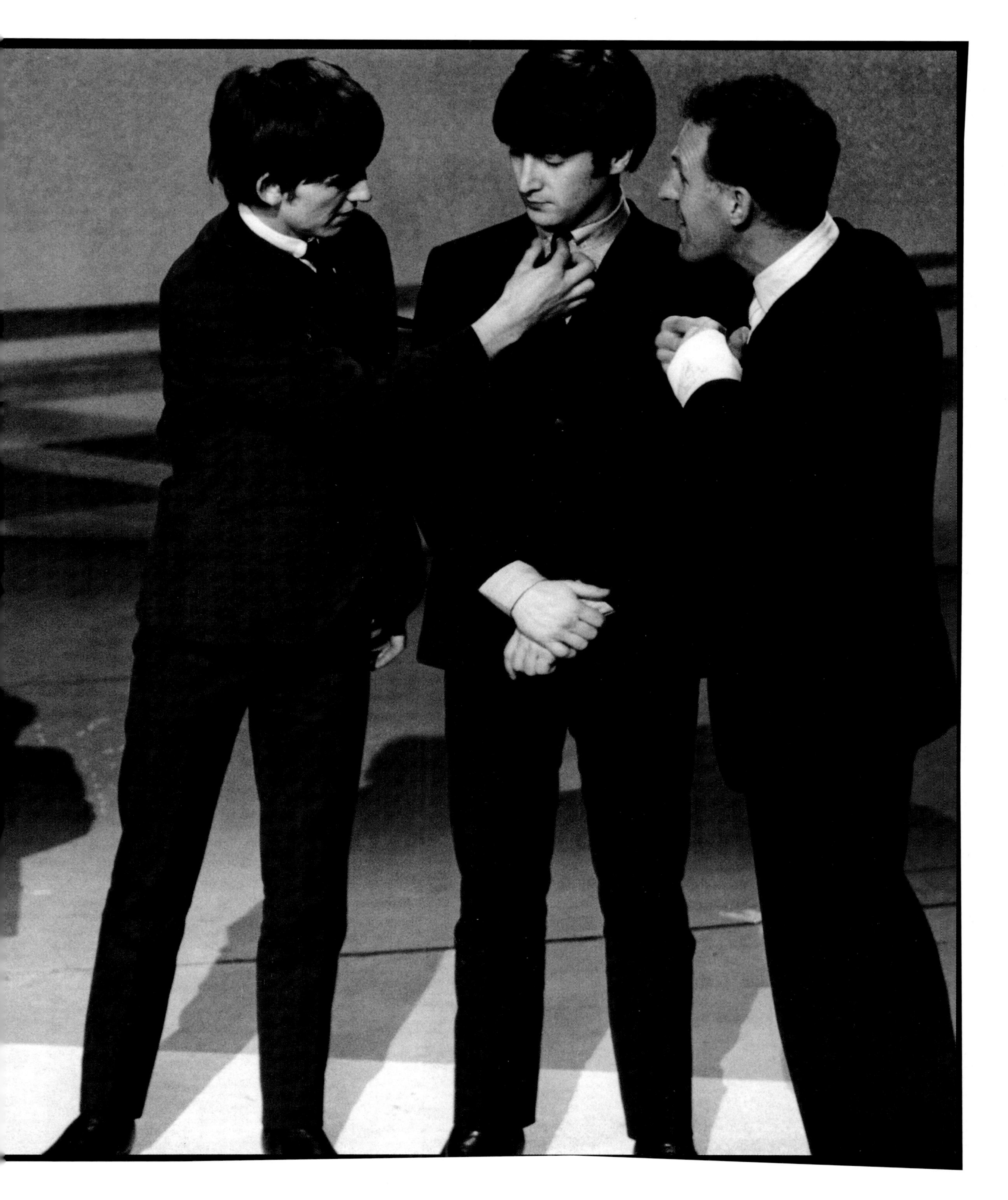

MIT DEM BOSS
Dieses Foto (oben links) zeigt Brian Epstein mit den Beatles während der Proben. Im Hintergrund ist Neil Aspinall, der Roadmanager der Beatles.

SICH AUSTOBEN
Sie dachten gar nicht daran, ernst zu bleiben, obwohl sie in einer der populärsten wöchentlichen Fernsehsendungen auftreten sollten. Hier machen sie sich während der Probe über den Conférencier Bruce Forsyth lustig. Bruce hatte sie eingeladen, in einer weiteren Sendung aufzutreten, aber die Beatles mußten am nächsten Tag nach Paris fliegen.

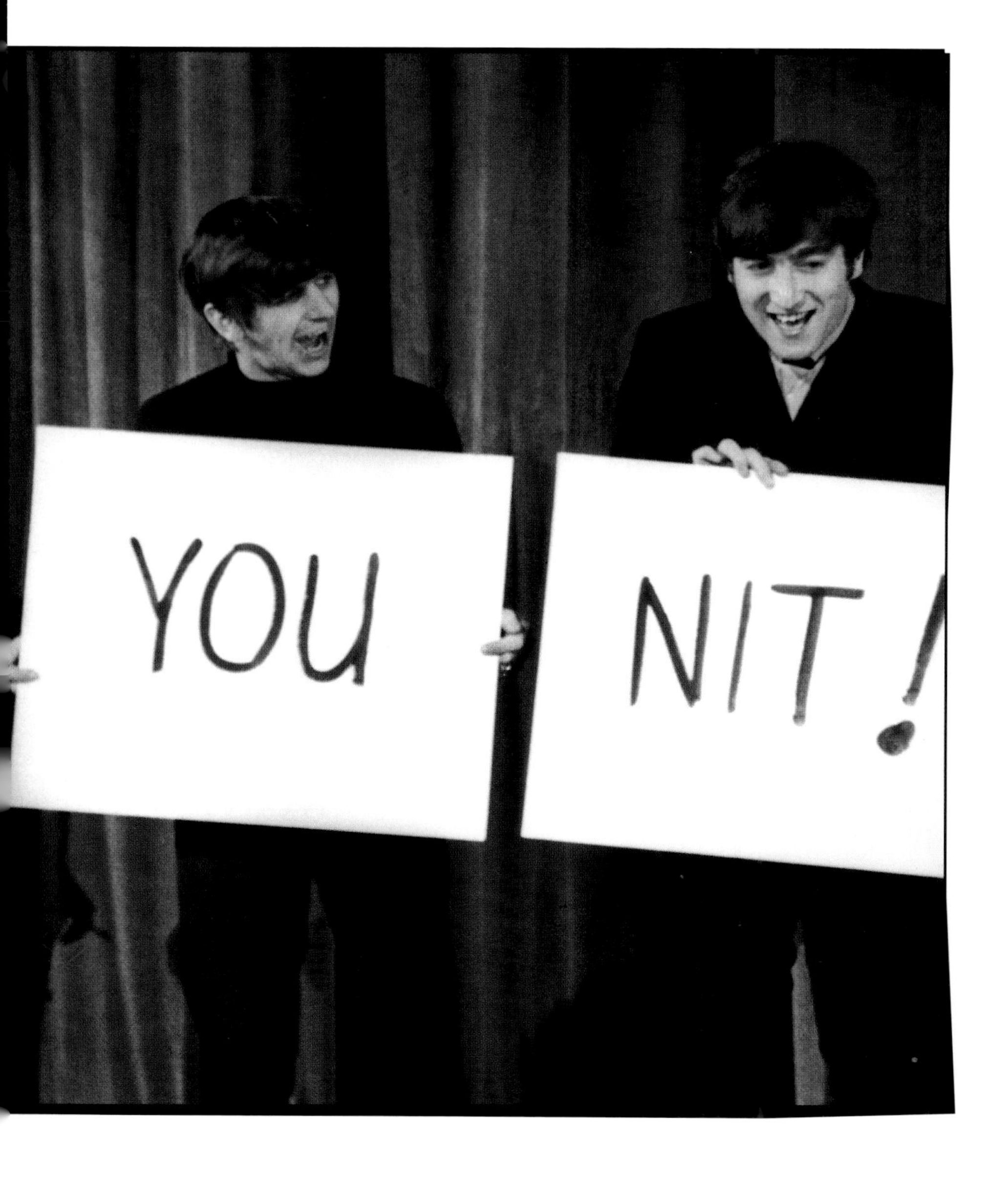
YOU
NIT!

OFF
SCREAM
WHILE THEY'RE
GETTING READY

SUNDAY NIGHT AT THE PALLADIUM
Auf der Bühne des Palladium *bei ihrem Auftritt.*

Ludwig
THE
BEATLES

MIT ANDEREN GÄSTEN DER SHOW
Alma Cogan (im schwarzen Kleid), eine Freundin der Beatles, trat ebenfalls in der Sendung auf.

11

Paris

Am Tag nach ihrem Auftritt in *Sunday Night at the Palladium* flogen die Beatles nach Paris, wo sie im *L'Olympia* ein dreiwöchiges Gastspiel hatten. Heutzutage, wo Fernreisen zum Alltag gehören, kann man sich kaum vorstellen, was für ein großes Ereignis das war. Die Beatles waren zwar einige Jahre zuvor in Hamburg gewesen, aber da waren sie noch junge Rockmusiker gewesen, die zu kämpfen hatten, in einem klapprigen Minibus über Land zogen, spät nachts in schmuddeligen Clubs auftraten und zu den unmöglichsten Zeiten in irgendwelchen Absteigen schliefen. Jetzt aber waren sie Stars, die Hauptattraktion einer Veranstaltung, bei der auch die französische Sängerin Sylvie Vartan und der Amerikaner Trini Lopez auftraten, der in England mit »If I Had a Hammer« gerade einen großen Hit hatte. Menschenmassen hatten sich in Heathrow versammelt, um von ihren Idolen, die ihre erste große Auslandsreise antraten, Abschied zu nehmen. Ringo konnte wegen Nebels in Liverpool nicht starten. Außerdem wurde berichtet, daß er über irgendeine Sache nicht besonders glücklich sei und gedroht habe, nicht mitzukommen.

Brian Epstein war ein Mann, der große Gesten liebte, und folglich hatte er nicht nur sich und die vier Beatles in das *Georges Cinq,* eines der Tophotels von Paris, einquartiert, sondern ihre gesamte Gefolgschaft. Trotz der Vorabpresse hatte die Beatlemania Frankreich noch nicht erreicht, und die Jungs konnten unbehelligt durch die Straßen spazieren und Sehenswürdigkeiten besichtigen, da sie nur gelegentlich von jemandem erkannt und um ein Autogramm gebeten wurden. Das Polizeiaufgebot im Hotel war klein, und der einzige Zwischenfall, dessen Zeuge ich war, fand hinter der Bühne des *L'Olympia* statt – und er wurde nicht von Fans provoziert, sondern von Paparazzi, die unbedingt ein Foto von den Jungs schießen wollten. Sie waren drauf und dran, mit Gewalt die Tür der Garderobe aufzubrechen, wurden aber von eiligst herbeigerufenen Gendarmen daran gehindert.

Unauffällig
Nachdem die Beatles zu Hause monatelang praktisch wie Gefangene gelebt hatten, war es eine große Erleichterung für sie, sich frei auf der Straße bewegen zu können, ohne belästigt zu werden. Sie baten mich ausdrücklich darum, meiner Fotografiererei so unauffällig wie nur möglich nachzukommen, um keine Aufmerksamkeit auf sie zu lenken. Die Beatles waren wie immer höflich und freundlich und erprobten an ihren Fans ihr bißchen Französisch: »Merci bucup« – zu sehr viel mehr reichte es nicht. Unten ist Brian Sommerville, der Pressesprecher der Beatles, mit Paul zu sehen.

GEORGE V

STILVOLL REISEN
Obwohl die Beatles nach Paris geflogen waren, hatten sie auch ihren Chauffeur und den eigenen Austin Princess mitgebracht. Ein französischer Fotograf machte eine Aufnahme von den vier Beatles, die sich dafür auf den Rücksitz ihrer Limousine gezwängt hatten.

SAS
792 AXU

LACHAVME
Christofle

MACH ZWEI
Nachdem aus dem Titelblattfoto im Astoria *nichts geworden war, konnte ich die Beatles dazu überreden, mit mir zum Eiffelturm zu gehen und es nochmals zu probieren. Bedauerlicherweise war der Turm in Nebel gehüllt. Auf jeden Fall ist das hier eines der wenigen gestellten Fotos, um die ich sie gebeten habe. Umseitiges Foto zeigt die Beatles in Begleitung von Brian Sommerville und Mal Evans, ihrem Roadmanager (im Hintergrund).*

DIE KÜHLEN FRANZOSEN
Die Beatlemania hatte Paris noch nicht erreicht. Nur unter den Fotografen hinter der Bühne herrschte Aufregung. Das elegante Premierenpublikum blieb ruhig und bereitete den Jungs einen flauen Empfang. Die Zeitungen behaupteten am nächsten Tag, daß der eigentliche Star der Show Trini Lopez gewesen sei.

«LES PARISIENNES
SONT DROLEMENT SEXY!»
Géraldine
Chaplin
monte en
grade

LES BEATLES
A L'OLYMPIA
DU 15 JAN. AU 4 FEV.
EXCLUSIVITE DISQUES

LES
BEATLES
SYLVIE

OÙ EST LES GENDARMES?
Ein Plakat in einem fast menschenleeren Foyer – einen krasseren Kontrast zu dem hysterischen Massenandrang bei Beatles-Auftritten in England hätte man sich nicht vorstellen können. Das Publikum blieb auch ruhig an seinem Platz, und so brauchte man keine Gendarmen.

12

Epsteins Imperium

Brian Epstein war etliche Jahre älter als die Beatles, ein Jude aus der Mittelschicht, hatte eine Privatschule absolviert und interessierte sich für klassische Musik. Er als Manager der Beatles, das schien eine merkwürdige Wahl. Aber eigentlich hatte ja Brian sie ausgewählt.

Brians Vater besaß ein florierendes Unternehmen für Elektroartikel in Liverpool, darunter auch einen Laden namens NEMS (North End Music Stores), in dem Brian die Schallplattenabteilung leitete. Im Oktober 1961 verlangten an einem Samstag mehrere Kunden eine Platte von einer absolut neuen Band namens The Beatles (merkwürdigerweise war es eine Platte mit dem alten Folksong »My Bonnie Lies Over the Ocean«, die die Beatles auf Anraten ihrer Plattenfirma Polydor veröffentlicht hatten und die mit Ach und Krach in die Hitparade kam, wo sie für kurze Zeit auf Platz 48 lag).

Brian hatte noch nie etwas von den Beatles gehört. Um so erstaunter war er, als er herausfand, daß sie im *Cavern Club* spielten, nur ein paar Gehminuten vom NEMS-Laden entfernt. Er sah sie sich an, war überwältigt und wurde innerhalb weniger Wochen ihr Manager.

Brian war ein Perfektionist schlechthin und in den Anfangszeiten für die Beatles wirklich ein guter Mann. Aber dann lud er sich zuviel auf. Schon sechs Monate, nachdem er die Beatles unter Vertrag genommen hatte, kümmerte er sich außerdem um Gerry and the Pacemakers, und später tauchten auf seiner Liste auch noch Cilla Black, Billy J. Kramer, The Dakotas und andere auf. Er war ein akribischer Mann, dem das Delegieren schwerfiel. Als die Beatles dann auf eine Weise Karriere machten, wie niemand es vorausgesehen hatte, war er nicht mehr Herr der Lage. Er hatte die Jungs nicht unter Kontrolle, und er hatte eigene Probleme. Obwohl er charmant und erstaunlich erfolgreich war, paßte er nie ganz dazu.

Und doch wären die Beatles möglicherweise ohne ihn nie über die Auftritte, die sie während der Mittagspause im *Cavern* absolvierten, hinausgekommen. Die Welt verdankt Brian Epstein eine ganze Menge.

UNBEACHTETE RATSCHLÄGE
Brian hegte ständig die schwache Hoffnung, daß die Beatles spuren würden. Er gab ihnen immer wieder ernstgemeinte Ratschläge und bat sie, Anweisungen zu befolgen. Aber obwohl er ihre Auftritte organisierte und ihr Geld verwaltete, hatte er nur wenig Einfluß auf das, was sie taten.

BRIAN EPSTEIN
Hier in eher lockerem Plausch mit seinen Schützlingen.

NUMMER 1
Gerry and the Pacemakers belegten Anfang 1963 den begehrten Platz Nummer 1 auf der Hitparade, bevor den Beatles dieses Kunststück gelang. (Tatsächlich sollten die ersten drei Platten von Gerry and the Pacemakers auf Platz 1 landen, eine Leistung, die zwanzig Jahre lang unübertroffen blieb.) Innerhalb Brian Epsteins »Stall« herrschte verständlicherweise eine gewisse freundschaftliche Rivalität.
Rechts ist Gerry Marsden mit einem Fan zu sehen.

ERFOLGSGESCHICHTEN
Epsteins Imperium (hier leider ohne die Beatles): im Vordergrund Tommy Quickly, Cilla und Billy J. Kramer. Dahinter, stehend, Sounds Inc. und The Fourmost. Wie so oft, wirkt Brian etwas verlegen.

MANAGEMENT-TEAM
Brian Epstein und sein Presseagent Derek Taylor freuen sich über Cillas Erfolg im Fernsehen. Laut Gerry Marsden hatte Brian eine klare Vorstellung von der Zukunft seiner Schützlinge. Inzwischen war der außergewöhnliche Erfolg der Beatles gesichert, und Brian sah richtig voraus, daß Gerry in Bühnen-Musicals auftreten und Cilla sich als »Persönlichkeit« durchsetzen würde.

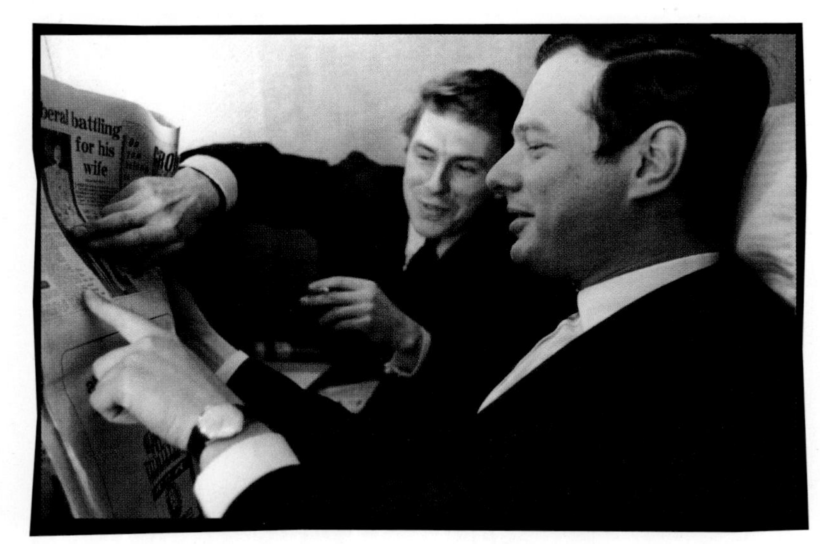

ANYONE WHO HAD A HEART
Brian Epstein und Derek Taylor bei der Lektüre eines Presseartikels über Cilla Black. Rechts ist sie zu sehen mit Tommy Quickly, Epstein und Billy J. Kramer (von links nach rechts).

13

SOWAS WAR NOCH NIE DA

1963 befanden sich die Platten der Beatles für insgesamt achtundsechzig[1] Wochen in den Charts, sechzehn davon auf Platz 1, und 1964 zweiundsiebzig Wochen lang, mit zwölf Nummer-1-Hits. Diese Leistungen waren zwar nicht einmalig, aber trotzdem waren sie phänomenal. In der gesamten Geschichte der Rockmusik hat niemand mehr Nummer-1-Hits gehabt, und nur Elvis Presley konnte sich noch mehr Wochen hintereinander an der Spitze halten. Ende 1964 führten die Beatles in allen englischsprachigen Ländern der Welt die Popularitätslisten an und gewannen auch in anderen Ländern an Bedeutung.

Kein anderer Popstar hat jemals eine solche gesellschaftliche Akzeptanz erfahren wie die Beatles. Silberne und Goldene Platten entgegenzunehmen ist das Privileg eines jeden erfolgreichen Plattenkünstlers, und wenn man die Popularitätslisten anführt, dann heißt das, daß man die Zuneigung der Kids, des Zielpublikums, gewonnen hat. Aber daß Rockmusiker zu privaten Empfängen ins *Australia House* eingeladen und der königlichen Familie vorgestellt wurden, so etwas hatte man bis dahin praktisch noch nicht erlebt.

Doch die allerhöchste gesellschaftliche Auszeichnung, sozusagen der Ritterschlag, kam 1965 mit der Aufnahme in die Ehrenliste zum Geburtstag der Königin, die den Beatles den MBE-Orden (Member of the Order of the British Empire) verlieh. Auch wenn einige der vormals Geehrten ihren Orden daraufhin empört zurückgaben, war doch die junge Generation zum größten Teil begeistert, denn sie fand, daß ihre Idole diese Auszeichnung zu Recht erhalten hatten. Und selbst wenn, wie vermutet wurde, diese Ehrung ein geschickter Schachzug seitens des Premierministers Harold Wilson war, um seine eigene Popularität aufzuwerten, dann war ihm das in jedem Fall voll gelungen.

1 Das Jahr hat zwar nur zweiundfünfzig Wochen. Bei mehreren Platten einer Band oder eines Musikers in den Charts ist es aber Usus in der Musikbranche, die jeweils pro Platte auf der Hitliste verbrachten Wochen zusammenzurechnen. Anm. d. Red.

FESTE FEIERN

Am 18. November 1963 gab EMI, die Plattenfirma der Beatles in London, eine Party anläßlich der Verleihung ihrer ersten Goldenen und ersten Silbernen Schallplatte für »Please, Please Me«. Sir Joseph Lockwood, Präsident der EMI (links im Bild), überreichte sie. Meine Tochter Cara traf bei dieser Gelegenheit die Beatles: Sie waren trotz der fotografischen Belästigungen von seiten ihres Vaters äußerst charmant zu ihr. Und sie, ein bedingungslos treuer Fan, war erstaunt, wie normal sie waren.
Gerald Marks, Redakteur vom Dienst bei Disc Weekly, *freut sich mit den Erfolgreichen (unten links). Im Hintergrund ist Brian Epstein zu sehen.*

AUSTRALIA HOUSE
Im April 1964 hatten die Beatles in der lokalen Hitparade von Sydney die ersten sechs Plätze belegt. Aus diesem Grund hatte man die Jungs zu einem Empfang im Australia House *gebeten. George wird von Premierminister Robert Menzies herzlich begrüßt.*

Auf dem Rang
Empire Pool, *Wembley, anläßlich der jährlichen Feier des* New Musical Express *für die Gewinner der Leserumfrage dieser Zeitung. Brian Epstein verfolgt den Auftritt der Beatles vom Rang aus.*

14

In seiner eigenen Schreibe

John hatte schon immer eine künstlerische und schriftstellerische Ader gehabt. Bereits während seiner Schulzeit trug er immer ein Skizzenheft bei sich, und später führte er das in der Garderobe oder unterwegs weiter, so oft sich die Möglichkeit dazu bot. Anfang 1964 veröffentlichte er eine Sammlung seiner Zeichnungen und Gedichte, betitelt *John Lennon: In seiner eigenen Schreibe.* Damit signalisierte John zum ersten Mal öffentlich, daß es ihm nicht mehr genügte, einer der Beatles zu sein, und daß er sich außerhalb der Gruppe 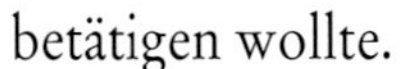 betätigen wollte.

Die Buchhandlung Foyle's veranstaltete anläßlich der Buchveröffentlichung am 23. April im Dorchester Hotel ein literarisches Mittagessen. Den Vorsitz des Essens hatte Osbert Lancaster übernommen, und unter den Gästen befanden sich Persönlichkeiten aus dem Showgeschäft wie Arthur Askey, Harry Secombe, Millicent Martin und Joan Littlewood. Popkollegen und Stars wie Helen Shapiro und Marty Wilde waren anwesend, aber auch Yehudi Menuhin, Victor Silvester, Mary Quant und der Cartoonist Giles. Das Publikum wurde zu einem Eintrittspreis von einundzwanzig Schilling zugelassen. Merkwürdigerweise war keiner der anderen Beatles anwesend, wohl aber Brian Epstein.

Osbert Lancasters Rede enthielt unter anderem folgende Huldigung: »In der *Royal Variety Show* stachen sie wie eine gute Tat in einer schlimmen Welt hervor. Sie haben etwas ziemlich Einmaliges erreicht – etwas, das dasselbe Ausmaß an Erfolg zeitigt wie die Music Halls im guten alten England – eine Harmonie zwischen Bühne und Publikum. Und wenn sie auch mit ganz anderen Mitteln arbeiten, so repräsentieren sie dennoch die echte Stärke unserer englischen Unterhaltung weitaus erfolgreicher als eine ganze Reihe von Damen und Herren, die mit Tournüren und falschen Backenbärten herumstolzieren.«

John antwortete darauf nur: »Vielen Dank und Gott schütze euch.«

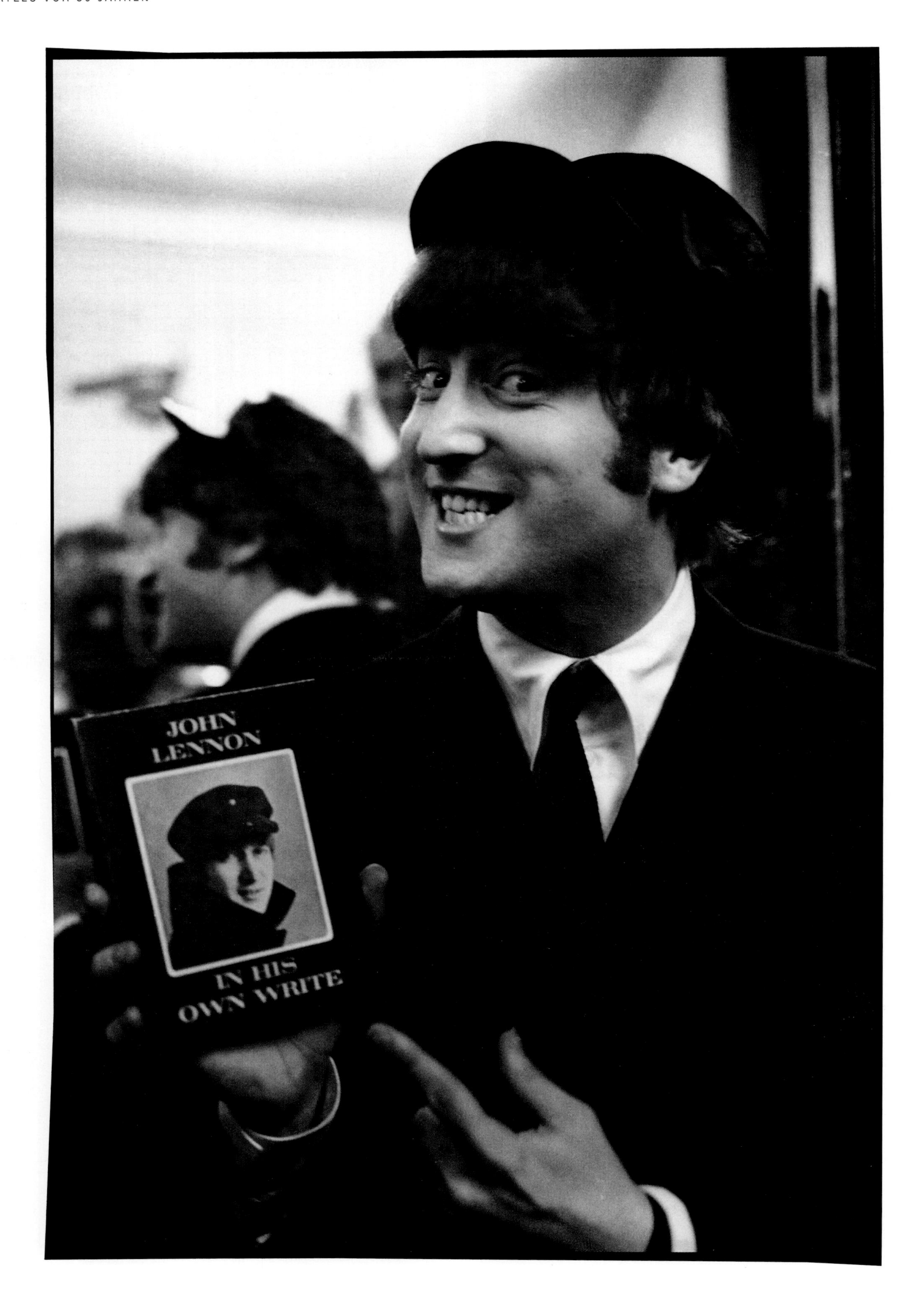
JOHN
LENNON
IN HIS
OWN WRITE

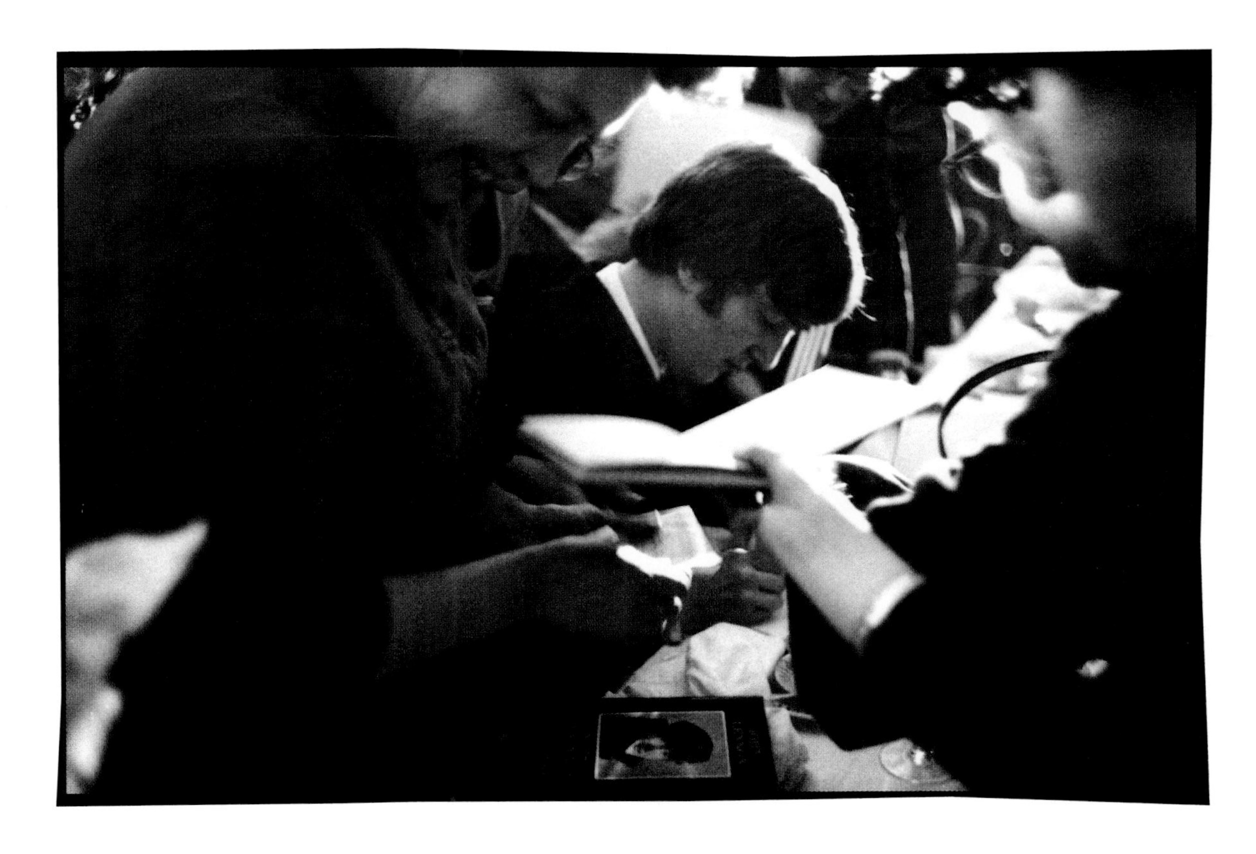

AUTOGRAMMSTUNDE
Schlangestehen bei Foyle's für signierte Ausgaben von John Lennons In his own write (In seiner eigenen Schreibe).

FOYLE'S – MITTAGESSEN
Das von Foyle's veranstaltete Essen – John bei der Ankunft mit seiner damaligen Frau Cynthia.
Wilfrid Brambell, der kurz zuvor Pauls Großvater in A Hard Day's Night *gemimt hatte, sitzt rechts neben Cynthia, zu ihrer Linken sind Marty Wilde und Harry Secombe.*

MR. UND MRS. LENNON
Cynthia und John mit Victor Spinetti.

TISCHGESELLSCHAFT
Brian läßt bei Christina Foyle (oben) seinen Charme spielen, während sich der Cartoonist und Vorsitzende des Essens, Osbert Lancaster, in Johns Gegenwart weniger zu amüsieren scheint. (Links:) Epstein gibt ein Autogramm.

NACHFRAGE
Der gefeierte Autor signiert weitere Buchexemplare.

STARS DER SECHZIGER JAHRE
Ein weiterer Ehrengast war Lional Bart, dank seines Erfolgs mit Oliver! *damals der absolute Star am Broadway und in London. Sein neues Musical* Maggie May *sollte bald das West End erobern.*

LUSTIG
John im Gespräch mit
Lionel Bart.

AND IN THE END...

Und nun, dreißig Jahre danach? Drei Beatles gibt es noch, alle drei nun in den Fünfzigern und lebende Legenden ihrer selbst. Einer von ihnen, Paul McCartney, ist sicherlich einer der reichsten Männer im Showbusiness.
Der Mord an John Lennon in New York war ein schrecklicher Schock für mich, obwohl ich ihn ja eigentlich nur eher flüchtig kennengelernt hatte. Denn nach der frühen Zusammenarbeit mit den Beatles in den sechziger Jahren hatte ich den Kontakt zu ihnen verloren, aber ich höre mir immer noch ihre Musik an und habe jene aufregenden Zeiten von damals natürlich nie vergessen.
Nun, so viele Jahre später, in diesem schönen Buch diese Bilder wiederzusehen, die so lange als Negative in meiner Fotoablage geschlummert haben, ist für mich eine große Freude. Dank dem »Auge« und der Kunst von Roy Williams.
Daß dieses Buch entstand, ist nicht mein Verdienst, sondern ganz alleine das von David Reynolds und Penny Phillips im Verlag Bloomsbury.

Terence Spencer, 1994

Collection
Rolf Heyne

In gleicher Ausstattung sind erschienen:

Richard Williams
Bob Dylan
Eine Bildbiographie
192 Seiten
ISBN 3-453-05923-9

Bob Dylan - In seinen Songs drückte er die Protesthaltung einer ganzen Generation aus. Eine Bildbiographie, die Höhepunkte der Geschichte der Folk- und Rockmusik wiederaufleben lässt.

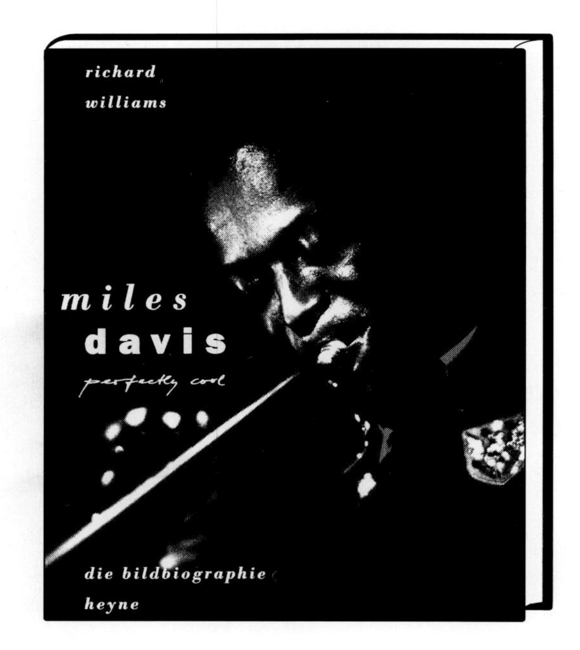

Richard Williams
Miles Davis - Perfectly cool
Die Bildbiographie
192 Seiten
ISBN 3-453-06935-8

Auf dem Olymp der Jazzmusik: Leben und Werk des begnadeten Jazztrompeters und Jazzkomponisten Miles Davis. Zugleich ein beeindruckendes Panorama der zeitgenössischen Jazzgeschichte.

WILHELM HEYNE VERLAG MÜNCHEN